BEI GRIN MACHT SICH IHR
WISSEN BEZAHLT

- Wir veröffentlichen Ihre Hausarbeit,
  Bachelor- und Masterarbeit

- Ihr eigenes eBook und Buch -
  weltweit in allen wichtigen Shops

- Verdienen Sie an jedem Verkauf

Jetzt bei www.GRIN.com hochladen
und kostenlos publizieren

GRIN :)

Videobasiertes Arbeiten (VHT) im Kontext elternaktivierender stationärer Erziehungshilfe

Hey, wie schön kann es eigentlich sein?

Felizitas Balzer

Bibliografische Information der Deutschen Nationalbibliothek:

Die Deutsche Nationalbibliothek verzeichnet diese Publikation in der Deutschen Nationalbibliografie; detaillierte bibliografische Daten sind im Internet über http://dnb.d-nb.de abrufbar.

ISBN: 9783346723000
Dieses Buch ist auch als E-Book erhältlich.

Titelbild: pvproductions (Freepik.com) | Covergestaltung: Claudia Mayerle

© GRIN Publishing GmbH
Nymphenburger Straße 86
80636 München

Druck und Bindung: Books on Demand GmbH, Norderstedt Germany
Gedruckt auf säurefreiem Papier aus verantwortungsvollen Quellen

Das vorliegende Werk wurde sorgfältig erarbeitet. Dennoch übernehmen Autoren und Verlag für die Richtigkeit von Angaben, Hinweisen, Links und Ratschlägen sowie eventuelle Druckfehler keine Haftung.

Das Buch bei GRIN: https://www.grin.com/document/1278760

Felizitas Balzer

Hey, wie schön kann es eigentlich sein?

Videobasiertes Arbeiten (VHT) im Kontext elternaktivierender stationärer Erziehungshilfe

Abschlussarbeit für die Zertifizierung zur VHT-Coach

Felizitas Balzer
Stuttgart, 2020

Titelbild: pvproductions (Freepik.com)
Covergestaltung: Claudia Mayerle

SPIN-DGVB
Deutsche Gesellschaft für
Videobasierte Beratung e.V.

Diese Veröffentlichung wurde unterstützt durch
SPIN DGVB Deutsche Gesellschaft für Videobasierte Beratung e.V. (www.spindeutschland.de)

für
Arndt
Anja
Andrea
Jacqueline
Michelle
Theresia und
Dominik

Abstract

Gegenstand der vorliegenden Arbeit ist die Methode VHT im Kontext elternaktivierender stationärer Erziehungshilfe. Unter Heranziehung einer konkreten Praxiseinrichtung, werden mehrere Elemente und Möglichkeiten stationärer VHT-Arbeit beleuchtet und in Kontext bereits vorhandener Wissensbestände und Praxen innerhalb und außerhalb des VHT-Diskurses gesetzt. Auf dieser Grundlage wird untersucht, wie sich VHT innerhalb eines elternaktivierenden Wohngruppensettings auswirkt. Hierzu wird mithilfe einer qualitativen Einzelfallstudie erforscht, welche Wirkungen von VHT-Arbeit von Adressat*innen – Kindern, Elternteilen, Auszubildenden, Fachkräften – beobachtet werden.

Inhaltsverzeichnis

Abstract.. I

Inhaltsverzeichnis... II

Abbildungs- und Tabellenverzeichnis III

1 Einführung **1**

2 Relevante Hintergründe **2**

    2.1   Grundlagen des VHTs.. 2

    2.2   Elternaktivierendes Wohngruppensetting.......................... 5

3 Konkrete VHT-Elemente in der Wohngruppe **8**

    3.1   VHT mit Eltern 8

    3.2   VHT mit Kindern 14

    3.3   VHT in Elternrunden 18

    3.4   VHT in der Ausbildung 23

    3.5   VHT im Team.. 26

4 Forschungsteil.. **29**

    4.1   Forschungsdesign 29

    4.2   Ergebniszusammenfassung.. 32

    4.3   Diskussion und Resümee 37

5 Schlussgedanken.. **39**

6 Quellenverzeichnis.. 40

7 Kodierungsliste.. 44

Abbildungs- und Tabellenverzeichnis

Abbildung 1: „VHT-Säulenmodell"...2
eigene Darstellung angelehnt an Pala, Anja (2018): Ein Bild sagt
mehr als 1000 Worte. Skript zum Basiskurs. Stuttgart, o.V.

Abbildung 2: „Basiskommunikationsprinzipien"..3
eigene Darstellung (2019)

Abbildung 3: „Aktivieren statt kompensieren"..7
eigene Darstellung nach ter Horst, Klaus (2009): Der Einsatz von
Videotechnik im Hilfeplanverfahren. In: Goltsche, Irene (Hrsg.)
(2009): Anwendungsbereiche des Video-Home-Training VHT. Geglücktes im Blick. Bad Heilbrunn, Verlag Julius Klinkhardt.

Abbildung 4: „Ablauf der VHT-Elternrunde"...19
eigene Darstellung (2019)

Abbildung 5: „Beispielhandout der VHT-Elternrunde"...................................20
eigene Darstellung (2019)

Tabelle 1: „Interviewteilnehmende"..31
eigene Darstellung

Tabelle 2: „Kategorienbildung"..33
eigene Darstellung

1 Einführung

„Hey, wie schön kann es eigentlich sein?"

– eine Formulierung, die vermutlich nicht jede Methode innerhalb der stationären Kinder- und Jugendhilfe ihren Adressat*innen entlocken kann. VHT, einer videobasierten, systemischen Beratungsform, gelingt es.

Die ursprünglich in den Niederlanden aus der stationären Erziehungshilfe heraus entwickelte Methode (Schepers/König 2000, 12), hat sich schnell zu einer ambulanten Hilfeform weiterentwickelt, die Familien in ihrem Alltag zuhause mithilfe der Kamera ressourcenorientiert begleitet. Der Fokus des Fachdiskurses richtet sich ebenso auf diese klassische Form des VHTs, während der Einsatz in Wohngruppensettings in Forschung und Literatur in den Hintergrund tritt. Dabei bietet die Beratungsform gerade im stationären Setting nach wie vor besondere Möglichkeiten, Eltern und Kinder zu stärken, gerade in Konzeptionen, die sich explizit der Stärkung und Aktivierung von Familien verschreiben. Dieser Lücke widmet sich die vorliegende Arbeit und möchte dabei folgender Forschungsfrage auf den Grund gehen.

Wie wirkt sich VHT im Kontext elternaktivierender stationärer Erziehungshilfe aus?

Methodisch macht sich die Arbeit über die Fragestellung hinaus dreierlei zum Ziel. Sie möchte zum einen ganz im Sinne des VHT-Mottos „aus der Praxis – für die Praxis" (ter Horst 2009, 163) einen möglichst tiefen Einblick in die Ausgestaltung des VHT-Konzeptes geben. Zum anderen soll durch einen vorangehenden Grundlagenteil und der kontinuierlichen Unterfütterung durch Theorie auch dieser Rechnung getragen werden. Zum dritten hat sie Interesse an Erkenntnisgewinn und Evaluation, welchen sie durch die abschließende Forschung nachkommt. Das Heranziehen einer konkreten elternaktivierenden Wohngruppe mit VHT-Konzept, ermöglicht zum einen den tiefen Einblick in die Praxis einer solchen Einrichtung und zum anderen die Untersuchung der Forschungsfrage.

Strukturiert ist die Ausarbeitung dabei im weiteren Sinne entsprechend der drei benannten Orientierungen. Schwerpunktmäßig werden zunächst im Rahmen des zweiten Kapitels Grundlagen zur Methode VHT in aller Kürze skizziert und der Kontext des elternaktivierenden Settings beschrieben. Die konkreten Elemente der VHT-Arbeit im Wohngruppenkontext werden im Rahmen des dritten Kapitels dargestellt, unterteilt in die Ebenen Eltern, Kinder, Elternrunde, Ausbildung und Team. Auf Grundlage der Kapitel 2 und 3 wird im vierten Kapitel und somit dem Forschungsteil der Arbeit der zu untersuchenden Fragestellung nachgegangen. Hierzu wird das Forschungsdesign beleuchtet, die Ergebnisse erläutert und Fazit gezogen. Die Schlussgedanken im fünften Kapitel runden die Arbeit ab.

2 Relevante Hintergründe

Zur Einordnung der Elemente aus der Praxis sowie zur Beantwortung der Forschungsfrage ist es zunächst notwendig, grundlegende Informationen zur Methode und den Kontext elternaktivierender Wohngruppenpraxis zu erfassen. Dem wird im Rahmen dieses Kapitels nachgekommen.

2.1 Grundlagen des VHTs

VHT, Video-Home-Training, ist eine videobasierte, konsequent ressourcenorientierte Beratungsmethode, die sich in den 1980er Jahren in den Niederlanden entwickelt und seit den 1990er Jahren in Deutschland etabliert hat (SPIN DGVB e.V. o.J., o.S.). Die im klassischen Sinne für Familien entwickelte Beratungsform arbeitet auf der Grundlage der Bausteine gelungener Kommunikation, „der starken Wirkung positiver Bilder und der ressourcenorientierten, aktivierenden Haltung" (SPIN DGVB e.V. o.J., o.S.). In der Praxis bedeutet dies, dass VHTler*innen kurze Videoaufnahmen im Familienalltag machen, einen Videoschnitt erstellen, der die gelungenen Kontakte hervorhebt und im Anschluss eine bestärkende, lösungsorientierte Rückschau mit Elternteilen gestalten. Die SPIN DGVB e.V., die Deutsche Gesellschaft für Videobasierte Beratung, besteht heute in Form von sechs Landesverbänden sowie einem Bundesverband und zählt über eintausend ausgebildete VHTler* innen. (SPIN DGVB o.J., o.S.). VHT ist weiterhin als systemische Beratungsform anerkannt und Mitglied der DGSF e.V. (Deutsche Gesellschaft für Systemische Therapie, Beratung und Familientherapie).

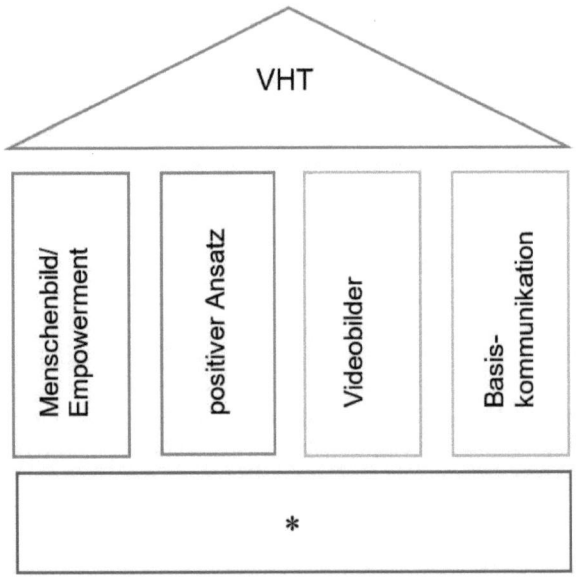

Abbildung 1: „VHT-Säulenmodell" angelehnt an Pala 2018 (eigene Darstellung)

Die Methode gründet auf vier Säulen, von denen eine erste das humanistische Menschenbild und der Empowermentansatz bilden. Es geht davon aus, dass die zu Begleitenden Ressourcen und Lösungen in sich tragen, die freigesetzt, aktiviert und ausgebaut werden können (Pala 2018, 5). Daran anknüpfend bildet der positive Ansatz die zweite Säule. Es gilt im VHT die Annahme, dass Lösungsorientierung und das „Verstärken von gelungenem Kommunikationsverhalten wirksamer für den Lernprozess" (Pala 2018, 5) des Gegenübers sind, im Vergleich zur Problemanalyse. Vor diesem Hintergrund werden ausschließlich positive Bilder gezeigt. Die dritte Säule bildet der Einsatz von Videobildern. Das Medium hat nicht nur den Vorteil, dass es Gelungenes sichtbar und Erziehungsverhalten konkreter und objektiver für das Gegenüber macht. Neurowissenschaftliche Erkenntnisse bestätigen darüber hinaus, dass „der Lernprozess […] beschleunigt und qualitativ (positiv) beeinflusst wird, wenn mit Bildern positiven Erlebens gearbeitet wird" (Gens 2016, 57). Sie sorgen für die „Ausschüttung motivierender Botenstoffe und intensivier[en] das Self-Modeling" (Gens 2016, 57), also das Lernen am eigenen Model. Die Rückschau arbeitet hierzu mit Standbildern, Zeitlupe oder auch unterlegter Musik, die nach Gens zusätzlich für emotionale Verankerung sorgt (2016, 57). Die vierte Säule bildet die Basiskommunikation. Konkretes Hilfsmittel bilden hierzu zum einen das Video-Kontakt-Schema von Harrie Biemans und die Auflistung der Basiskommunikationsprinzipien zum anderen. Die beiden unterscheiden sich darin, dass letztere gelingende Verhaltensweisen innerhalb der ‚Ja-Serie' beschreibt. (Gens 2016, 41) Von Ja-Serie wird gesprochen, wenn zwischen Interaktionspartnern „gelungene[…] Kommunikation [zu] einer positiven Spirale" (Schepers 1999, 116) führt und eine solche ist Ziel. Diese gelingenden Elemente von Kommunikation bauen aufeinander auf und sind im „Verhaltensrepertoire der Eltern [im Kontakt mit ihren Kindern] „zu festigen und weiterzuentwickeln" (Räder 1999, 79). Im ersten Kommunikationsbündel geht es darum, die alterstypischen Initiativen beim Kind zu erkennen und sie zu verfolgen. Das zweite Kommunikationsbündel handelt davon, besagte Initiativen zu bestätigen, beispielsweise durch Kopfnicken. Zum dritten gilt es, positiv und zustimmend zu benennen, zum Beispiel was das Kind tut oder welches Bedürfnis man bei diesem wahrnimmt. Ein viertes Kommunikationsprinzip bildet das Aufmerksamkeit verteilen, im Sinne von Verantwortung dafür tragen, dass

Abbildung 2: „Basiskommunikationsprinzipien"
(eigene Darstellung)

jede*r in der Runde gleichermaßen an die Reihe kommt. Und als fünftes Prinzip kommt auf Erwachsene die Aufgabe zu, positiv zu lenken und leiten, wozu beispielsweise das Achten auf eine Struktur sowie Anweisungen gegenüber und Verhandlung mit dem Kind gehören. (Schepers/König 2000, 36)

Das Fundament, im Schaubild mit einem * markiert, bilden darüber hinaus Theorien, auf die sich VHT weiterhin bezieht. Vorrangig handelt es sich um die Bindungstheorie, als auch den systemischen Ansatz. Schepers und König entwerfen allein auf dieser Ebene ein sogenanntes ‚Eckpfeilermodell‘, bestehend aus theoretischen Prinzipien aus den vier Gebieten der Ethologie, Kommunikationswissenschaft, Pädagogik und Psychologie, mit denen sie „die Praxis der Methode erklären und deren Effektivität belegen" (2000, 55f.). Ein vertiefender Blick hierzu wäre gewinnbringend, aber im Rahmen der vorliegenden Arbeit nicht möglich.

Im Verlauf der Jahre haben sich die Einsatzbereiche des VHTs stark weiterentwickelt (Goltsche/Rössel 2009,10). So zeichnen sich in der Praxis zusätzlich folgende Richtungen ab. VHT mit Fachkräften, ehemals VIB (Video-Interaktionsbegleitung), richtet sich vorrangig auf die Unterstützung und Beratung Professioneller (Halm 1999, 291). VST, Video-School-Training, adressiert Lehr- und Fachkräfte sowie junge Menschen in Schulkontext (Koch 2009, 118). VHT zu diagnostischen Zwecken, vormals VID (Video-Interaktions-Diagnostik) verschreibt sich der Analyse von Förderbedarfen und der Verbesserung des pädagogischen Alltags (Brümmer/ter Horst 2009, 37). Zusätzlich etabliert sich VHT über den Rahmen der Erziehungshilfe hinaus in Kindertagesstätten, im Schulkontext, der Behindertenhilfe, der Pflege, bei Führungskräften, als Teamsupervision, als Kurs-Angebot bis hin zu ‚Exoten‘ wie VHT in der Paarberatung (Fiung 2020, o.S.), im Bewerbungstraining (Sanne 2009, 127) oder im Lese-Rechtschreib-Förderprogramm (Gaida 2016, 33). Die Gänze der VHT-Palette ist nicht annähernd aufzuführen, im Hinblick auf die ständige kreative Weiterentwicklung der Methode in verschiedenen Praxen. Trotz dieser Entwicklungen und Ausdifferenzierungen ist es Bestreben der SPIN-Gesellschaft, nicht auseinanderzuwachsen, sondern gesammelt unter der Überschrift VHT aufzutreten. Hierzu gehört beispielsweise auch die Übereinkunft, die Abkürzung VHT zu verwenden und nicht die ausgesprochene Begrifflichkeit ‚Video-Home-Training‘. So wird den verschiedenen Arbeitsbereichen Rechnung getragen beziehungsweise Anerkennung verliehen, die außerhalb des ‚Homes‘, des Zuhauses von Familien, stattfinden.

Ein Tupfen, sozusagen, auf dieser stets bunter werdenden VHT-Palette, bildet das VHT-Konzept der elternaktivierenden Wohngruppe, die im Fokus der vorliegenden Arbeit steht und im nächsten Schritt in ihren Rahmenbedingungen beleuchtet werden soll.

2.2 Elternaktivierendes Wohngruppensetting

Die hier zu beschreibende dezentrale Wohngruppe ist Teil eines vielgliedrigen Angebots an Hilfen zur Erziehung unter der Trägerschaft einer sich stetig weiterentwickelnden Kinder- und Jugendhilfeeinrichtung. Neben einem großen Bereich an Kindertagesstätten, sind es verschiedene sozialräumliche Wohngruppen, Verselbstständigungsgruppen, Betreutes Jugendwohnen, ambulante Dienststellen sowie ein stadtteilübergreifendes Eltern-Kind-Angebot, die an mehreren Standorten in zwei Stadtteilen verteilt sind. Entstanden ist benannte Einrichtung bereits vor rund 100 Jahren und weist eine lange franziskanische Tradition auf, welche sich die Werte Offenheit, Vertrauen und Mut in besonderer Weise als handlungsleitend vornimmt (DWG *** 2020, 5f.).

Die 2018 eröffnete Wohngruppe bietet nach §34 SGB VIII stationäre Erziehungshilfe für sechs bis sieben Kinder im Alter von drei bis zwölf Jahren an; in Ausnahmefällen werden hier auch Sondergenehmigungen des KVJS (Kommunalverband für Jugend und Soziales Baden Württemberg) zur Betreuung von ein- bis zweijährigen Kindern erteilt. Eine weitere Besonderheit bildet das Elternappartment der Wohngruppe, welches für intensiveres Training einzelner Elternteile sowie Mutter- oder Vater-Kind-Wohnen genutzt werden kann (DWG *** 2020, 32). Das Wohngruppenkonzept macht sich insgesamt die „Stärkung der Elternkompetenz" (DWG *** 2020, 10) zum Ziel und bietet hierzu „intensives Elterntraining" (DWG*** 2020, 1) an. Es gilt dabei die Annahme, dass „die Entlastung im Alltag [...] durch die vorübergehende Versorgung der Kinder in der Wohngruppe [,] Raum [...] für die Verbesserung der Beziehung zwischen Eltern und ihren Kindern [schafft]" (DWG*** 2020, 10) und durch das vergleichsweise enge Alltagstraining der Verbleib der Kinder im Setting so kurz wie möglich gehalten werden kann. Neben den individuellen Themen der Familien widmet sich die Wohngruppenarbeit hier im Speziellen der

> „Entlastung und Stabilisierung des familiären Systems, der Stärkung der Eltern-Kind-Beziehung und Gestaltung eines entwicklungsförderlichen Lebensumfeldes, [der] Stärkung der personalen, sozialen und emotionalen Kompetenzen, [dem] (Wieder-) Aufbau erzieherischer Kompetenzen [, der] Aufarbeitung belastender Themen aus der Biographie, [dem] Umgang mit persönlicher Krankheit [, gegebenenfalls der] Therapiemotivation, [der] Autonomieförderung durch Übernahme der Verantwortung für das eigene Handeln [,] Wissensvermittlung und Befähigung zu autonomen Entscheidungen für die eigene Lebensplanung und -gestaltung [sowie] Interaktionstraining [und] Einüben von Beziehungsgestaltung für Eltern und Kind im Gruppenkontext" (DWG *** 2020, 11).

Grundlage für die Arbeit bilden hierbei zum einen der in der Einrichtung verankerte systemische Ansatz, welcher sich sowohl als Haltung unter anderem auf den Säulen der Wertschätzung, Ressourcenorientierung, Sinnhaftigkeit von Symptomen und Zirkularität stützt; als auch dessen breites Instrumentarium (DWG *** 2020, 14).

Zum anderen ist die Stärkenorientierung und -förderung zentrale Haltung und Werkzeug (2020, 15). Die Beziehungsarbeit bildet eine dritte Grundlage; so machen sich die Pädagog*innen zum Ziel, Eltern und Kindern korrigierende Beziehungserfahrungen zu ermöglichen, „Vertrauen aufzubauen und [die] eigene Beziehungsgestaltung [zu reflektieren]" (DWG*** 2020, 15). Hierzu ist ein Bezugsbetreuungssystem installiert, also die Zuordnung von ein bis zwei hauptamtlichen Pädagog*innen zu einem Familiensystem. Die Bezugsbetreuungspersonen sind für das Kind und seine Belange zuständig, zeitgleich aber eben auch Elternberater*innen. Diese Verantwortlichkeit bleibt möglichst auch über die Dauer der Unterbringung, um Beziehungskontinuität zu ermöglichen. (DWG*** 2020, 25) Partizipation ist der vierte Pfeiler der Wohngruppe und bedeutet über das „Einbeziehen [der Eltern] als gleichberechtigte Partner*innen [im pädagogischen Alltag]" (DWG *** 2020, 17) hinaus, dass diese viel Zeit im Gruppenalltag verbringen und diesen aktiv mitgestalten. Auf diese Weise kann das Setting für Eltern nämlich Lern- und Übungsfeld sein, Ort des individuellen Coachings und letztlich Ort des Wohlfühlens, in denen sie auch kindliche Bedürfnisse ‚nachnähren' können. Dies gilt vor allem auch für Familienfreizeiten, die ein bis zwei Mal im Jahr durchgeführt werden, sowie gemeinsame Ausflüge. Eine weitere Besonderheit der Gruppe ist die wöchentlich stattfindende Elternrunde als „motivierendes Unterstützungselement [mit] Elternfortbildungselementen und Übungen" (DWG *** 2020, 26). Diese psychoedukative, sich gegenseitig unterstützende Expert*innenrunde wird im Rahmen des Kapitels 3.3 umfassend beleuchtet.

Die Begrifflichkeit ‚Elternaktivierung', welche für das Angebot der Wohngruppe zunehmend als Überschrift gewählt wird, wird in der Fachliteratur nicht eindeutig definiert. In ihrer Grundhaltung findet sich die Wohngruppe allerdings treffend in Michael Bienes Thesen zur Elternaktivierung wieder, die dieser als Gründer der Systemischen Interaktionstherapie formuliert. Auch jene nimmt nämlich folgendes an.

> „Ein Hilfeprozess ist effizienter und nachhaltiger, wenn die Eltern in diesem Prozess aktiv mitwirken. Anstatt die gefährdenden Eltern zu ersetzen, sollen sie gewonnen werden, ihr gefährdendes Verhalten zu verändern. […] Trotz aktuell problematischer Verhaltensweisen [wird] an eine hohe Bereitschaft der Eltern geglaubt [,] die Probleme ihres Kindes erkennen und verändern zu wollen" (Biene 2008, o.S.,3).

Ebenso gut passt das handlungsleitende Konzept des Empowerments zur Zielsetzung der Wohngruppe. Handelt es sich doch um ein Prinzip, welches

> „grundsätzlich vorhandene Fähigkeiten der Menschen zu kräftigen und Ressourcen aufzubauen, zu stärken und freizusetzen [versucht,] für ein selbst- bestimmtes Ausgestalten [des] eigenen Lebensalltags" (Sohns 2007, 80).

Auch das Prinzip ‚Hilfe zur Selbsthilfe' könnte die Grundgedanken der Wohngruppenarbeit skizzieren sowie weitere ähnliche Zugänge, die im Grundkern vor allem einem entspringen: einem humanistischen Menschenbild. Es ist die hoffnungsvolle Haltung der Helfenden im Wohngruppensetting, die entscheidend ist. Rogers spricht beispielsweise von „'der Kraft des Guten' im Menschen, die zum Tragen kommt, wenn ein entsprechendes ‚Klima' hergestellt wird" (Stimmer 2012, 156). Dieses Klima, dieses konsequente Wohlwollen, Zutrauen und Wertschätzen, glaubt die Wohngruppe herstellen zu können.

Interessanterweise lässt sich die Praxis der Wohngruppe prägnant durch ein Schaubild zusammenfassen, welches originär das Prinzip von VHT-Zielplanung darstellen soll. Es bringt zum Ausdruck, dass der Weg unumstritten die Aktivierung von Lösungsmustern zum Erreichen des Ziels der Rückführung ist. Und es macht deutlich, dass die Kompensation einen unerlässlichen Gegenpart bildet. Die vorrübergehende Versorgung der Familie im sicheren, entwicklungsförderlichen Ort Wohngruppe ermöglicht Schritt für Schritt Weiterentwicklung der erzieherischen Kompetenzen mit dem Ergebnis der gänzlichen Verantwortungsübernahme für das Kind. Auf der diagonalen Entwicklungslinie bewegen Familien sich mal schneller, mal langsamer, Entwicklung stagniert oder ist gar rückläufig – dies zeigt die Praxis. Hier gilt die Haltung „Veränderungen brauchen Zeit und Geduld" (DWG ***, 9).

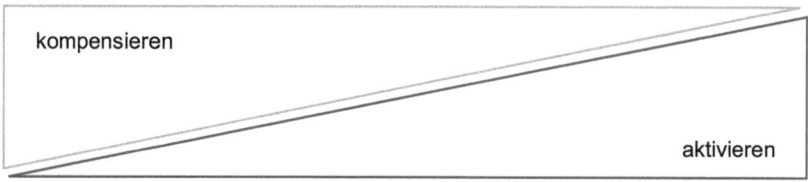

kompensieren

aktivieren

Abbildung 3: „Aktivieren statt kompensieren" nach ter Horst 2009 (eigene Darstellung)

Nachdem nun abseits des VHTs herausgestellt wurde, was das Wohngruppensetting sich zum Inhalt macht, kristallisiert sich in besonderer Weise heraus, dass VHT bei genauerem Hinsehen mit allen Ansätzen in Verbindung steht – mit Elternaktivierung, mit Ressourcenorientierung, mit Beziehungsarbeit, mit Empowerment, mit dem systemischen Ansatz, um nur einige zu nennen. Sie spiegeln sich ineinander und bilden eine sinnige Komposition. Bereits im Gründungsjahr, indem sich zwei der fünf hauptamtlichen Pädagog*innen in VHT-Ausbildungen begaben, wurde sichtbar: „Beim großen Vorhaben, mit den Familien dort anzusetzen, wo etwas bereits gut gelingt, stellt[…] sich die Methode des [VHTs] als das noch fehlende Puzzlestück [im] ressourcenorientierten Konzept heraus." (Vogt/Balzer 2019, 14).

Wie dieses Puzzlestück sich im Wohngruppenalltag darstellt, soll im Rahmen des folgenden Kapitels umfassend betrachtet werden.

3 Konkrete VHT-Elemente in der Wohngruppe

Innerhalb der Beschreibung der VHT-Elemente im Gruppenalltag wird jeweils auf die gestaltete Praxis eingegangen, um sie mit bereits erprobten VHT-Modellen und Wissensbeständen innerhalb und außerhalb der VHT-Fachwelt zu verknüpfen. Um einen möglichst tiefen Eindruck der stattfindenden Arbeit zu ermöglichen, wird mit Fallbeispielen und den subjektiven Erfahrungen der VHTler*innen unterfüttert.

3.1 VHT mit Eltern

Ein erstes Element der VHT-Arbeit innerhalb der Wohngruppe bildet die Ebene der Eltern. Dieser Baustein kommt dem bereits beschriebenen klassischen Einsatz des VHTs am nächsten und dennoch braucht das VHT mit Eltern im beschriebenen Wohngruppensetting seinen spezifischen Wohngruppen-‚Schliff‘, der im Folgenden erläutert werden soll.

Zunächst gelten im stationären Kontext dieselben Arbeitsweisen, die auch für ambulante Hilfesettings gelten. Es wird zunächst ein VHT-Prozess initiiert und dann über die Ausgestaltung gesprochen, also die Hilfefrage gemeinsam formuliert. Gens, die diese Phase für eine essentielle hält und für eine präzise Arbeitsweise plädiert, stellt in der Erarbeitung des Auftrags Schritte und dazugehörige Impulsfragen zusammen (2016, 65f.). Eine erste Phase bildet das Andocken an die Erziehungssituation des Gegenübers. Angeregt durch die Frage „Sie interessieren sich für VHT – Was ist der Anlass, was bedrückt Sie?" (Gens 2016, 66) darf das Gegenüber sein Problem beschreiben und erfährt von der*m VHTler*in Empfangsbestätigung und Verständnis. Im zweiten Schritt geht es darum, sich ein möglichst genaues Wunschbild der Erziehungssituation beschreiben zu lassen und die positiven Gefühle dazu zu ankern (2016, 67). Erst hier können eine Aktivierung und eine konstruktive Herangehensweise bei Eltern stattfinden (2016, 68). Das Würdigen und Benennen dessen, was der Elternteil bereits zur Lösung versucht hat, bildet dann im dritten Schritt die Grundlage für die Frage „Können Sie sich vorstellen, noch einen weiteren Versuch zu machen?" (Gens 2016, 70). Das eigentliche Formulieren der Hilfefrage beginnt dann im vierten Schritt. Sie soll positiv formuliert sein, die Eigenaktivität des Gegenübers beinhalten und beginnt – dies wird als Hilfestellung auch vorgegeben – mit der Formulierung „Was kann ich dafür tun, dass…?" (Gens 2016, 71). Im fünften Schritt wird der mögliche Lösungsweg und die Methode VHT beschrieben und zwar durch eine ebenso aktivierende Formulierung: „Jetzt wollen Sie bestimmt wissen, wie der Weg aussieht, den ich Ihnen vorschlage [...]" (Gens 2016, 71). Die direkten und aktivierenden Formulierungen an die zu begleitende Person, die von Gens gewählt werden, sind hier auch deshalb explizit aufgeführt, weil sie sich für die Eltern der Wohngruppe bereits als Intervention an sich eignen. Einen Weg ‚vorzuschlagen‘ und die Antwort darauf abzuwarten, ist beispielsweise würdigend, vermag Elternteile als entscheidungsfähige Erwachsene anzusprechen und eine Wahl zu lassen – wo sie sich innerhalb des Wohngruppensettings in einer nur bedingt selbst gewählten Hilfe befinden.

Dieser sozusagen ideale Einstieg in einen VHT-Prozess ist, so die Hypothese, nur auf Grundlage eines Problembewusstseins, eines gewissen Leidensdrucks und daraus resultierend auf Eigeninitiative und Motivation zur Veränderung möglich. Es gibt in der Wohngruppenpraxis auch die Erfahrung, dass solche Erstgespräche gefüllt mit Würdigung und ansprechenden Fragen durchaus auch Elternteile aktivieren können, die diese Grundlage noch nicht in Gänze erfüllen. Verschiedene Elterntypen bringen allerdings trotz der bewussten Entscheidung für die elternaktivierende Gruppe mit einem hohen Eigenverantwortungsteil, (vorerst) unzureichende Motivation zur Veränderung und somit auch VHT mit ein.

Die Systemische Interaktionstherapie (SIT) nach Michael Biene beschreibt treffend, in welchen Mustern Helfer*innen und Familien sich im Hilfesetting begegnen. Es unterscheidet zwischen noch nicht kooperierenden Eltern-Interaktionsmustern das Kampfmuster und das Abgabemuster. (Helming 2002, 258) Eltern im Kampfmuster sind der Ansicht „Ich habe kein Problem, ich brauche keine Hilfe, die anderen stören" (Helming 2002, 258). Eltern in Abgabemuster haben die Vorstellung, ihr Kind durch die Wohngruppe in Reparatur zu geben, weil „das Kind [...] zu schwierig, zu auffällig, zu gestört [sei]" (2002, 260) und es dazu Fachleute brauche. Das Ziel bei beiden Mustern ist, eine gelingende Motivationsstrategie einzusetzen um doch noch eine Kooperationsbeziehung herzustellen. SIT ist nämlich in einem Punkt ganz klar: „Wenn Eltern nicht sagen ‚Ich habe ein Problem und ich möchte aktiv werden' [,] dann reicht die ganze Mühe [der Professionellen] nicht aus" (Helming 2002, 261). VHT ist im Wohngruppensetting schon beiden Interaktionsmustern begegnet und kann Helmings Schlussfolgerung unterstreichen. So ereignete sich zum Beispiel folgendes:

> *Herr Milke wurde angesprochen, ob er sich Aufnahmen seiner Kinder ansehen möchte, die vor kurzem entstanden sind, und um so mal dieses ‚VHT' kennenzulernen. Da Herr Milke sehr bemüht war, dem Jugendamt nachweisen zu können, dass er in der Wohngruppe alles mitmache, ließ er sich auf einige Rückschauen ein. In den Gesprächen zeigte er zwar auch Interesse, machte aber auch immer wieder deutlich, dass es auf Kindererziehungsebene ‚ja gar keine Probleme gebe', sondern sie als Familie ‚nur' einige andere Dinge vom Jugendamt her klären müssten. Die VHTlerin hingegen hatte in der Zusammenarbeit das Gefühl, sich ‚abzuschuften'. Die Gespräche und die scheinbar alleinige Verantwortung für den Prozessfortlauf waren anstrengend, sodass Frust entstand.*

Helming folgend, handelt sich hierbei um genau jene ‚verschwendete' Mühe, die Fachkräfte oft in diesen Interaktionsmustern einsetzen (2002, 259). SIT rät, auf die Eltern-Haltung ‚Wir sollen das hier machen', wie beispielsweise bei Herrn Milke, folgendermaßen zu reagieren:

„Wir bieten Hilfe an, aber nur für Eltern, die wirklich Hilfe wollen. Wenn sie das [hier nur sollen] und wollen das gar nicht, dann ist das eine Zumutung für Sie, dass Sie sich hier unterhalten sollen mit mir. Wir arbeiten mit Eltern, die wirklich Unterstützung wollen" (Helming 2002, 259).

Helming rät, aus solchen Mustern grundsätzlich auszusteigen (Helming 2002, 259). In Fällen wie den beschriebenen, gilt es für die VHTler*innen zu reflektieren, ob eine Intervention im Sinne Helmings womöglich gewinnbringend sein könnte. Diese für Eltern wie Herrn Milke ungewohnte Ansage vermag es womöglich, das Interesse an VHT doch noch zu wecken. Ähnlich paradoxe Interventionen sieht SIT für das Abgabemuster vor, die hier aus rahmenbedingten Gründen nicht explizit angewandt werden können. Insgesamt zeigt sich, dass VHT im Wohngruppensetting sich mit Widerständen und Kooperationsmustern auch in Bezug auf VHT auseinandersetzen muss. Ist mein Gegenüber motiviert, Veränderungen durch Videoarbeit anzustreben? Wenn nicht, ist es durch Videobilder aktivierbar? Wie gelingt es, Widerstände aufzulösen und welche Interventionen sind angezeigt? Die Verknüpfung dieser SIT-Denkansätze und VHT, also dieser zwei systemischen, elternaktivierenden Schulen, wäre vor diesem Hintergrund auf Ebene der Fachliteratur gewinnbringend.

Aber auch bei Elternteilen der Wohngruppe, bei denen sich keines der Interaktionsmuster abbildet, zeichnet sich „zu Beginn häufig eine vorsichtige und skeptische Grundhaltung" (ter Horst 2009, 18) gegenüber VHT und vorrangig der Kamera ab. In einer Umfrage von Kreuzer und Räder, gaben Fachkräfte an, dass teilweise „Kameraangst [im Sinne von] Scheu [und Hemmung]" (1999, 144) bei Familien auftreten. Ein weiteres Ergebnis, nämlich die Idee, durch VHT vom Jugendamt kontrolliert und beobachtet zu werden (Kreuzer/Räder 1999, 144) oder dass Filmaufnahmen gegen sie beim Jugendamt verwendet werden könnten, ist zu Beginn der stationären Hilfe oft vernehmbar. Es gilt hier, Fantasien der Eltern so schnell wie möglich in korrekte Informationen oder erste eigene Erfahrungen mit VHT umzuwandeln.

Das Zwischenfazit kann also gezogen werden, dass die VHT-Arbeit in der Wohngruppe mit Widerständen und Skepsis auf Elternebene konfrontiert sein kann. Über die beschriebenen irritierenden Ausstiege aus den Mustern hinaus, zeichnen sich in der Wohngruppenpraxis verschiedene ‚Umwege' zum VHT-Prozess mit Elternteilen ab. Diese ‚Türöffner' zu VHT sollen hier im Sinne von Helmings benannten ‚Motivationsstrategien' (2002, 261) aufgeführt werden.

Türöffner 1: So arbeiten wir.

„Je selbstverständlicher die Professionellen die Videoaufnahmen als geeignetes Hilfsmittel darstellen, um […] möglichst effektiv zu helfen, umso geringer sind die Widerstände" (ter Horst 2009, 18). Ter Horst rät deshalb, gleich zu Beginn beziehungsweise vor Beginn der Hilfe darüber zu informieren, dass das „Medium Video [fester Bestandteil der Hilfe und VHT] die Methode erster Wahl [sein wird] (2009,18). Diese Strategie ist weniger ein Türöffner, als eine sachliche, feststehende Information, die angewendet auf den Wohngruppenkontext, gleich im Kennenlerngespräch ausgesprochen werden sollte. Auf diese Weise ist die Frage des ‚ob' gleich anfänglich geklärt. Dass die konkrete Ausgestaltung miteinander abgestimmt wird, dass ein „kleine[r] Vertrauensvorschuss" (2009, 18) von der Familie dafür erforderlich ist und die Erfahrung, dass Familien zuvor ebenso skeptisch und nach ersten Aufnahmen positiv gestimmt waren – dies sind gewinnbringende Informationen, die gemeinsam mit einer kurzen, einladenden Erläuterung der Methode in Kennenlerngesprächen benannt sein sollten. Eine Eröffnung der Frage, wie VHT möglichst einladend auf Familien zu Beginn einer stationären Hilfe vorgestellt werden kann, würde sich vor dem Hintergrund so mancher beschriebenen Widerstandsmuster garantiert für den Wohngruppenkontext lohnen.

Türöffner 2: Wollen Sie eigentlich mal sehen, was wir da machen?

Diese flapsig formulierte, auch humorvolle Einladung, weckt selbst bei Elternteilen in Widerstand Neugier – so die Beobachtung der Wohngruppe. Eine solche ist möglich, wenn mit ihren Söhnen oder Töchtern VHT auf Kinderebene praktiziert wird. Unter dem ‚Vorwand', den Elternteil zu informieren, woran der*die VHTler*in mit seinem Kind derzeit arbeitet und wie dieser Prozess gelingt, wird ein Videozusammenschnitt erstellt und eine Rückschau gehalten.

Herr Feller, Vater des 10-jährigen Janniks, welcher seit kurzem einen VHT-Prozess gestartet hatte, war bereits seit fünf Monaten im Kampfmuster mit der Wohngruppe. Er betonte stets, dass er Kooperation nur für sinnvoll hielt, wenn es direkt um seinen Sohn ginge. Weil er keine Erziehungsthemen bei sich sah, war es für ihn ‚unnötig' in einen Prozess zu starten. Dies annehmend, vermieden die VHTlerinnen an der Stelle, sein Muster zu bestärken, indem sie ihn wiederum zu etwas ‚drängen' würden. Durch die Frage, ob er mal sehen wolle, was die Wohngruppe da eigentlich mit seinem Sohn tue, konnte er in ein erstes Rückschau-Setting geholt werden. Es stellte sich schnell heraus, dass die Bilder und die Fragen der VHTlerin die Expertenrolle in Herrn Feller anregte und so (erstmals) ein kooperativer Austausch und Reflexion auf Erwachsenenebene stattfinden konnte. Von den gelungenen Sequenzen seines Sohnes war er stark gerührt und äußerte sogar Positives über die Arbeitsweise der VHT-Kollegin. Auf Nachfrage, ob er sich erneut solche Gespräche und Aufnahmen von sich und seinem Sohn vorstellen könne, bejahte er und formulierte „Ich bin sehr gespannt".

Nicht mit seinen eigenen Erziehungsthemen im Fokus der Videoanalyse zu stehen, kann für Eltern zu Beginn eine Entlastung darstellen. Der Weg über das Kind kann sich wie im obigen Beispiel als gelungene Anbahnung eignen. Das Beispiel zeigt, dass diese und das ‚erst gewinnen müssen von Elternteilen' Zeit und Gelassenheit brauchen.

Türöffner 3: Ich muss Ihnen unbedingt was zeigen!

Der dritte Türöffner funktioniert auf ganz ähnliche Weise wie der vorherige. Durch den festen Platz der Kamera im Gruppenalltag, kommt es immer wieder auch zu Aufnahmen, die nicht vorsätzlich für den Einsatz innerhalb eines Prozesses gemacht werden, sondern ganz im Sinne des ‚Momente Einfangens' entstehen. Wenn gelungenes Bildmaterial von Kindern oder Eltern-Kind-Interaktionen vorhanden ist, ist es auf unkomplizierte und vorerst unverbindliche Weise möglich, Eltern in Kontakt mit VHT zu bringen. Es weckt Neugier, wenn die VHTlerin mit Begeisterung berichtet, dass großartige Bilder entstanden sind, die sich das Gegenüber unbedingt ansehen muss. Im Rückschausetting kann das Elternteil sich dann in ganz zwangloser Weise an die Bildanalyse herantasten. Im Anschluss kann miteinander abgestimmt werden, ob VHT nach dieser ersten positiven Erfahrung die passende Methode für die Familie sein könnte.

Türöffner 4: Das macht ja Spaß – kann ich das auch für mich haben?

Dieser vierte Türöffner entspringt dem Setting der VHT-Elternrunde, welche im Rahmen des dritten Unterkapitels genauer beleuchtet wird. Ähnlich unverbindlich haben hier alle Elternteile die Gelegenheit VHT kennenzulernen, ohne direkt an eigenen Themen arbeiten zu müssen. Sie erkunden die Basiskommunikation und machen von Beginn an Erfahrungen mit dem Gefilmt werden und gemeinsamer Videoanalyse. Das Sichtbarmachen gelungener Kontakte auf Videomaterial von gemeinsamen Eltern-Spielen bereitet ein gutes Gefühl und durch die Analyse von Eltern-Kind-Aufnahmen wird zunehmend die Arbeitsweise greifbar und Fantasien abgebaut. Eltern entwickeln in diesem Zuge zwanglos für sich und ihre eigenen Erziehungsthemen die Idee, was VHT bewirken könnte. Sie zeigen idealerweise Initiative gegenüber den VHTler*innen oder reagieren zumindest offen auf die Idee eines VHTs. Das Erlernte in der Elternrunde bietet darüber hinaus eine solide Grundlage, um in einen eigenen VHT-Prozess zu starten.

Türöffner 5: Wann bin ich eigentlich dran?

Ganz im Zeichen des ‚selbst Draufkommens' beziehungsweise des Initiative Zeigens, steht auch dieser letzte Türöffner, der sich in der Praxis abzeichnet. Im Austausch mit anderen Elternteilen, durch zufällige Begegnungen mit der Kamera im Gruppenalltag, durch das begeisterte Erzählen von Kindern oder Betreuenden, kann eine natürliche Neugier bei Eltern entstehen. Hierfür ist natürlich eine VHT gegenüber positiv gestimmte Gruppendynamik vonnöten, die nicht erzwungen werden kann und dennoch den elegantesten Türöffner darstellt. Dass VHT-Begeisterung auch gruppenabhängig ist, zeichnet sich in folgendem Beispiel ab.

> *Während Teile der ersten Elterngruppe sich nur aufgrund von Initiativen der VHTler*innen auf einzelne VHT-Einheiten einließen, reagierten Familien der zweiten Gruppe interessiert und motiviert. So reagierte Herr Kohle auf das Angebot eines VHT-Prozesses so: ‚Ich hab' mich schon gefragt, wann ich endlich dran bin'.*

Nachdem nun die in der Wohngruppe besonders zentrale Phase, der Einstieg, in den Blick genommen wurde, soll abschließend noch ein wichtiger Baustein innerhalb der VHT-Prozesse explizit beleuchtet werden.

Ein weiteres stärkendes Element auf VHT-Ebene der Eltern bildet nämlich der Einsatz von Videobildern im Rahmen von Hilfeplangesprächen, wozu ter Horst vier Möglichkeiten differenziert. Einerseits können Videobilder der Familie gezeigt werden, um ihre Entwicklung für alle Beteiligten sichtbar zu machen, andererseits können auch Hilfeplangespräche selbst aufgenommen werden, um sogenannte ‚Schlüsselsätze' der Familie herauszufinden, um den Umgang der Hilfebeteiligten zu erfassen oder um die Moderationsfähigkeiten der Fachkräfte innerhalb des Gesprächs zu verbessern. (2009,19) Die bisherige Praxis der Wohngruppe scheint diesbezüglich noch ganz am Anfang zu stehen, sie erprobt sich vorerst im erstgenannten Bereich, also dem Zeigen von Videoaufnahmen der Familien aus dem Alltag. Ter Horst erklärt diesbezüglich, dass die Bilder der Zielbestimmung dienen sollen und zu diesem Zweck Lernpunkte im Bild und nachfolgend die Lernfortschritte in Bezug auf jene Lernpunkte gezeigt werden (2009, 19). Auf Basis dieser Ergebnisse und der für alle sichtbaren Entwicklungen, wird dann gemeinsam erörtert „Was wollen wir noch besser können?" (ter Horst 2009, 19). Die Praxis der Wohngruppe gleicht dem Prinzip insofern, als dass Bilder aus dem Familienalltag gezeigt werden und auch möglichst ein Teil des Prozesses. Der Zweck und die Herangehensweise unterscheiden sich allerdings; so werden beispielsweise keine Lernpunkte gezeigt, sondern ausschließlich Stärken. Sie werden entweder in einer Art Präsentation vorgestellt, in der die „Familienmitglieder als gleichberechtigte Partner" (ter Horst 2009, 20) möglichst auch in zunehmender Verantwortung vorstellen. Oder im Sinne einer Rückschau, an der alle Beteiligten gemeinsam in die Stärkensuche einsteigen und Eindrücke, zum Beispiel über Entwicklungsfortschritte des Kindes, äußern. Explizit positives zu zeigen, soll dem Perspektivwechsel auf die Familie dienen, Ressourcen verdeutlichen, Eltern sowie Kinder gegenüber dem Jugendamt stärken und ein Gegengewicht zu schweren Themen im Hilfeplangespräch bilden. Die Haltung des Jugendamts, so die Beobachtung, ist ambivalent. Einige melden zurück, wie erfrischend eine ressourcenorientierte Videopräsentation sei und befürworten die Hilfeform VHT. Andererseits herrscht Skepsis gegenüber der Kamera, sodass einzelne ihren Einsatz im Gespräch komplett ablehnen. Bei den drei weiteren Möglichkeiten, die ter Horst benennt, ist die Praxis der Wohngruppe beziehungsweise ihren Kooperationspartner*innen noch nicht angelangt. Laut ter Horst stellt der „Einsatz der Videotechnik im Hilfeplanverfahren […] eine Bereicherung dar" (ter Horst 2009, 35), es lohnt sich also hier Geduld in die weitere Implementierung des VHTs im Hilfeplanverfahren zu investieren.

Als praktische Information sei abschließend noch benannt, in welchem Setting Aufnahmen entstehen. VHT kommt dem ‚Home'-Bestandteil hierbei nämlich trotz stationärer Hilfe nach, indem immer auch „Filmaufnahme[n] bei den Familien zu Hause" (Schmitz-Winzen 1999, 359) gemacht werden, um die dortige Alltagssituation zu erfassen und diese im Hinblick auf das Ziel der Rückführung zunehmend in den Blick zu nehmen.

3.2 VHT mit Kindern

Als nächstes soll VHT auf Ebene der betreuten Kinder beleuchtet werden. VHT mit Kindern wird innerhalb der VHT-Gemeinde zwar praktiziert, findet in der Fachliteratur allerdings noch keine Einkehr. Im Folgenden findet über die Beschreibung der Wohngruppenpraxis hinaus deshalb die Verknüpfung mit Delfos statt, welche sich mit Gesprächsführung mit Kindern beschäftigt.

Auch wenn die Wohngruppe einen besonderen Schwerpunkt auf die Elternaktivierung legt und viel in das Training der Elternteile investiert, stellt die „alltagsorientierte, tägliche Betreuung" (DWG *** 2020, 23) der Kinder der Wohngruppe wesentlichen Bestandteil der Arbeit dar. Sie weisen ebenso typische eigene Bedarfe auf, die das statistische Bundesamt neben elterlichen Unterbringungsgründen als Indikationen für stationäre Erziehungshilfe anführt. Hierzu gehören

> „Auffälligkeiten im sozialen Verhalten [, zum Beispiel] Gehemmtheit, Isolation, Geschwisterrivalität, Weglaufen, Aggressivität [;] Entwicklungsauffälligkeiten [und] seelische Probleme [, zum Beispiel] Entwicklungsrückstand, Ängste, Zwänge, selbstverletzendes Verhalten, suizidale Tendenzen [und] schulische Probleme [wie beispielsweise] Schwierigkeiten mit Leistungsanforderungen [und] Konzentrationsprobleme" (Statistisches Bundesamt 2016, 40).

VHT im stationären Wohngruppensetting bildet ein Teilelement der Hilfe für die Kinder und begegnet diesen Unterbringungsindikationen. Innerhalb der ersten Wochen im Setting, findet in der Wohngruppenpraxis die Beobachtungs- und Einschätzungsphase der konkreteren Bedarfe des Kindes statt. In ersten Fallbesprechungen wird erarbeitet, welches ‚Hilfepaket‘ zunächst für das eingezogene Kind ‚geschnürt‘ wird und dieser Vorgang wird regelmäßig wiederholt. Die Idee, dass VHT Teil des Hilfepakets für das Kind und dessen Entwicklung sein soll, entsteht im Alltag und wird in der Fallbesprechung mit bereits vagem Auftrag festgelegt. Die Initiative hierbei kommt teilweise von Bezugsbetreuenden, von den VHTler*innen und tatsächlich auch vom Kind selbst. Es ist insgesamt zu beobachten, dass Kinder im Gruppenalltag der Wohngruppe sehr neugierig und interessiert an der Kamera und am Gefilmt werden sind und initiativ werden.

> *Als die VHTlerin im Garten den 11-jährigen Sascha beim Sandeln filmte, fragten die anderen Kinder neugierig nach, wer gefilmt wird. Das gefilmte Kind benannte dann stolz, dass die Kamera für es selbst da sei und dann VHT gemacht würde. Gegenüber weiteren Fragen zeigte es sich in der Expert*innenrolle. ‚Kannst du das mit mir auch mal machen?‘ war daraufhin die Frage einiger Kinder. Kommt seither*

die Kamera zum Einsatz, erklingen oft die Rufe ‚Huhu, film mal bitte, was ich hier mach!'.

Dieses Beispiel macht im Übrigen sichtbar, dass sich bereits die Aufnahmesituation als wertschätzende Intervention für ein Kind herausstellen kann. Das gefilmte Kind zu sein, bedeutet, heute ‚ganz wichtig' zu sein und eine besondere Aufmerksamkeit zu bekommen. In einem VHT-Prozess zu sein, heißt darüber hinaus, an etwas ‚ganz wichtigem mit den Erwachsenen zu arbeiten'. Dass dies attraktiv zu sein scheint, zeigt sich an den beschriebenen Initiativen der übrigen Kinder. Solche ‚Film mich mal'-Aufträge werden je nach Indikation und Kapazität gemeinsam mit dem Kind und dem Team zu konkreten Aufträgen ausgearbeitet.

Hinsichtlich der Erarbeitung von Aufträgen lässt sich ohnehin feststellen, dass ähnlich der in der Wohngruppe gängigen VHT-Praxis mit Eltern, auch die Kinder nicht auf klassische Weise in VHT-Prozesse hineinstarten. Je älter und reflektierter ein Kind ist, desto tiefer kann auch ein Austausch vorab oder nach ersten Einheiten darüber stattfinden, wo denn eigentlich Probleme für es liegen und wo es sich Veränderung wünscht. Durch den*die VHTler*in, der*die die Themen des Kindes durch den stationären Alltag kennt, können hier Vorschläge gemacht werden. Die Praxis zeigt allerdings, dass sich das System etabliert, dass Betreuende und die VHTler*innen die Fragestellung oder den Auftrag erarbeiten, die Kinder es auf sich ‚zukommen' lassen und eher im Bereich der konkreten Ausgestaltung wieder aktiver mitbestimmen. Das heißt beispielsweise bei den Fragen, wann was gefilmt wird, wie das Video sein darf und welche Form gefällt. Insgesamt scheinen sich die Fragestellungen die Zeit zu nehmen, die sie brauchen.

So wurde beispielsweise aus dem ‚Film-mich'-Auftrag der 11-jährigen Laura im Anschluss an die erste Rückschau gemeinsam die Fragestellung ‚Was tut mir gut und was kann ich gut?' entwickelt. Der 10-jährige Jannik hingegen möchte sich auch nach mehreren Einheiten, auf die er interessiert und neugierig reagiert, nicht auf ein bestimmtes Thema oder eine Frage festlegen. Dies deutend, hat seine VHTlerin hier stellvertretend für ihn den Auftrag entworfen ‚Ich möchte mehr über mich lernen'. In beiden Fällen wurden ergänzend zu zentralen Fragen oder Aufträgen Ziele formuliert, die den VHT-Prozess zusätzlich lenken.

Am Punkt der Bildauswahl und des Videoschnitts angelangt, zeigt sich, dass hier in besonderem Maße berücksichtigt werden muss, welcher Entwicklungsstand, welche Aufnahme- sowie Konzentrationskapazität beim zu begleitenden Kind vorliegen. Dementsprechend kann es ratsam sein, die Videolänge zu kürzen und mehr Standbilder als bewegte Bilder einzufügen – dies gilt vor allem zu Beginn des Prozesses, in dem das Kind sich langsam an das Rückschausetting herantasten darf. Besonders beliebt ist bei den Kindern der Wohngruppe, wenn am Ende des Videos ein Teil zum Genießen eingefügt wird, wie etwa eine Diashow der gesehenen Standbilder oder besondere Szenen in Zeitlupe, jeweils mit Musik unterlegt.

Im Hinblick auf die Rückschau mit Kindern haben sich in der Praxis weiterhin einige zu beachtende Gesichtspunkte herausgestellt, die im Folgenden aufgeführt und mit Delfos' Kernaussagen zur Gesprächsführung mit Kindern verknüpft werden sollen.

1) Basiskommunikation und Imitation

Das Rückschausetting ist – wie im VHT mit Erwachsenen auch – immer auch als ‚Modell'-Zeit zu begreifen, in der ganz bewusst auf die Anwendung der Basiskommunikationsprinzipien zu achten ist. Je besser die Beteiligten miteinander in Kontakt sind, dies beschreibt auch Delfos als Nicht-VHTlerin, desto besser kann inhaltlich miteinander gearbeitet werden (2015, 155). In der Wohngruppe lässt sich beobachten, dass Kinder im Rückschausetting die im Video sichtbaren Basiskommunikationsprinzipien ‚nachspielen' – entweder zusätzlich oder anstatt des Benennens des Gesehenen. Auch die VHTler*innen neigen dazu, Szenen zu imitieren, um zu verdeutlichen, auf was sie hinauswollen. Es scheint sich hierbei um ein hilfreiches Werkzeug innerhalb der Rückschau mit Kindern zu handeln.

2) Expertenstatus des Kindes

Delfos beschreibt weiterhin einen wesentlichen Faktor, dem sich der*die VHTler*in bewusst sein muss. Es besteht prinzipiell ein Machtgefälle zwischen Erwachsener*m und Kind (Delfos 2015, 153). Es gilt daher, gezielt Augenhöhe zum Kind herzustellen. Den VHTler*innen kann dies gelingen, in dem sie das gegenübersitzende Kind als Experte für sich selbst begreifen und dementsprechend nach der Expertenmeinung vom Kind zu seinem Handeln in den Videobildern befragt. Die Haltung und Botschaft ‚wir beide arbeiten zusammen', welche auf Gleichwertigkeit im Prozess hinauswill, wirkt auf Kinder aktivierend und ‚groß machend' – dieser Eindruck entsteht zumindest in der Praxis. Delfos erachtet es weiterhin als gewinnbringend, die Meinung des Kindes gezielt zu erfragen und Feedback einzufordern, welches wiederum ein Gesichtspunkt darstellt, der gut zur Rückschau mit Kindern passt (Delfos 2015, 155). Die Meinung des Kindes als wichtig zu benennen und den Prozess abhängig von seinem Feedback zu gestalten, sind ebenso ‚groß machende' und stärkende Faktoren.

3) Folgen und jede Antwort willkommen heißen

Was VHT unter der Überschrift ‚folgen' ausdrückt, beschreibt Delfos unter dem Stichwort ‚zuhören' (2015, 155). Was banal klingt, verdient dennoch ein besonderes Augenmerk. Auch im Sinne der Augenhöhe und der zu sendenden Botschaft ‚was du sagst, ist wichtig', erscheint es essentiell zu sein, dem Kind und somit Experten zuzuhören, ausreichend Zeit dafür zu lassen und sein Sprechen durch wohlwollende Empfangsbestätigungen weiter zu aktivieren. Es ist dazu die Haltung einzunehmen, dass „jede Antwort willkommen [ist]" (Delfos 2015, 155). Hierzu passt auch Gens' Tipp, kein ‚aber' einfließen zu lassen, welches immer auch eine Entwertung eines Teils des Gesprochenen bewirkt, sondern stattdessen mit dem Wort ‚und' zu arbeiten (2016, 73). Priorität hat, dass das Kind auf seine Weise ins Arbeiten kommt und nicht etwa ‚korrekte' Antworten abliefert.

4) Einstimmen auf Kapazitäten

An das vorherige Prinzip anknüpfend, beschreibt der Punkt ‚Einstimmen' die Anpassung auf das Gegenüber. Ähnlich der Auswahl der Bilder, die bereits beschrieben wurde, sollte auch das Rückschausetting an das Kind und seine Möglichkeiten angepasst werden. Es sollten sich immer die Fragen gestellt werden, ‚Ist mein Tempo angemessen? Braucht das Kind mehr Zeit um nachzudenken? Ist meine Sprache passend oder kann ich mich noch einfacher ausdrücken? Welche Dauer kann mein Gegenüber gut durchhalten?' Delfos ermutigt dazu, Gespräche mit Kindern auch abzubrechen und an anderer Stelle fortzusetzen, wenn das Kind nicht mehr aufnahmefähig ist (2015, 155).

5) Entlasten durch Benennen

Als Gegengewicht zu aktivierenden Fragen, die in der Rückschau allgemein gängig und im Sinne der oben beschriebenen ‚Expert*innenwürdigung' wichtig sind, kann wohlwollendes Benennen in der Rückschau mit Kindern ebenso angebracht sein. Gens beschreibt hierzu, dass Kinder teilweise „Schwierigkeiten mit Fragen [haben]" (Gens o.J., 16) und es eine große Anstrengung darstellen kann, sich zur Beantwortung erst einmal in die Absichten des Erwachsenen einzudenken und sich aus seinen vorherigen Gedanken herauszuholen. „Bei Kindern genügt es eigentlich, ihr Tun zustimmend zu benennen" (Gens, o.J., 16), es kommt auf diesem Weg nicht in Überanstrengung und der Effekt ist ebenso die Bestärkung und die Zustimmung, dass es etwas gut gemacht hat. Die Erfahrung in der Wohngruppe zeigt, dass Rückschauen für Kinder eine – wenn auch eine sich lohnende – Anstrengung bedeutet. Ein gutes Gespür für das Kind und dementsprechend auch mal ein Benennen statt Fragen kann hier für Entlastung sorgen.

6) Reminder nutzen

Ein weiteres Hilfsmittel in der VHT-Arbeit mit Kindern bilden die sogenannten ‚Reminder'. Sie bilden eine in der VHT-Community gängige Praxis, ihr Einsatz und ihre Wirkung wurden allerdings noch nicht explizit in ihrer Fachliteratur aufgegriffen. Als 'Reminder', also ‚Erinnerer', werden am besten gemeinsam mit dem Kind die für es bedeutendsten Bilder der Videorückschau bestimmt, zeitnah ausgedruckt und mitgegeben. In der stationären Praxis heißt dies, dass die Bilder gut sichtbar im Kinderzimmer aufgehängt werden, damit das Kind

- im Alltag immer wieder an das positive ‚gut-gemacht'-Gefühl erinnert wird und die Wirkung der positiven Bilder so nachhaltiger oder ‚gesichert' ist.
- andere betreuende Erwachsene stolz auf die Bilder aufmerksam machen kann, sodass diese ebenfalls Lob und positive Rückmeldung geben und so den VHT-Effekt ganz automatisch zusätzlich verstärken.
- seine positiven Erfahrungen mit anderen Kindern und seiner Familie eigeninitiativ teilen kann.

7) Kreativ und flexibel erweitern

In der VHT-Praxis mit Kindern erweist es sich in der Wohngruppe als Chance, Settings innerhalb des VHT-Prozesses zu variieren und aktuelle Gelegenheiten zu ergreifen. Dies bedeutet zum einen Flexibilität im Bereich des Filmens; es stellt sich heraus, dass das spontane ‚Draufhalten' der Kamera im stationären Alltag oft ganz besondere Momente einfängt. Zum anderen bedeutet Flexibilität auch, Personen mit in das Rückschau-Setting zu holen, wenn das Kind und der*die VHTler*in befinden, dass jene das ‚unbedingt sehen müssen'. Kindern die Möglichkeit zu geben, gemeinsam eine Präsentation vorzubereiten, die man gemeinsam ‚Mama, Papa und dem Jugendamt' im Rahmen des Hilfeplangesprächs zeigt, stellt ebenso eine Entwicklungschance dar, die genutzt werden kann. Und letztlich, dies gilt insgesamt für VHT-Prozesse, dürfen sich VHT-Aufträge auch verändern. Ein Einzelprozess darf sich phasenweise auch zu einem Gruppenprozess ausweiten, in dem mit einem Teil der Kindergruppe der Umgang miteinander reflektiert wird. Oder es werden Einheiten investiert, die die Beziehung zwischen einer*m besonderen*m Betreuer*in und dem Kind in den Blick nehmen, wenn dies gewünscht ist. Diese Flexibilität, Spontanität und Kreativität haben den Effekt, dass sie den VHT-Prozess lebendig und gewinnbringend nach außen öffnen und sich mehrere Menschen beteiligen können. Es sorgt also für noch mehr Verbindung und Beziehung zwischen den Wohngruppen-Akteur*innen. Das betreffende Kind hat zusätzlich die Möglichkeit, sich in verschiedenen Settings zu erleben.

Insgesamt zeichnet sich VHT auf Ebene der Kinder als ein geeignetes sowie gewinnbringendes Werkzeug zur Reflexion, Weiterentwicklung und Stärkung für sie ab. Die Zeit für die Fortentwicklung dieser VHT-Ebene im Fachdiskurs ist vor diesem Hintergrund reif.

3.3 VHT in Elternrunden

Über die bereits beschriebenen Ebenen von VHT innerhalb der Wohngruppe hinaus, stellt die zu Beginn benannte ‚Elternrunde' einen weiteren, wesentlichen Einflussbereich des VHTs dar. Das Konzept der Elternrunde nahm seinen Anfang zunächst in der Idee „Elterntraining, Psychoedukation[,] Selbsterfahrung [und -]fürsorge" (Balzer 2018, 2) zu einem Angebot zu verbinden. Dabei galt die Annahme, dass Eltern von anderen Eltern am besten lernen und sich die Gruppenmitglieder gegenseitig in einer Art Expert*innenrunde bestärken könnten (2018, 2). Damit kommt das Konzept in seiner Haltung dem der „Eltern-AG" von Armbruster sehr nahe. Sein Empowerment-Programm für belastete Familien stellt ebenso „die Eltern-Kind-Beziehung und Erziehungsfragen in den Mittelpunkt" (Armbruster 2006, 22) und möchte Elternteilen ermöglichen, „ihre sozialen Fähigkeiten in der Gruppe zu stärken, zu verbessern und Solidarität zu erleben" (Armbruster 2006, 22), sowie mehr Selbstbewusstsein zu erlangen, um Fachkräften als gleichberechtigte Erziehungsexpert*innen begegnen zu können (2006, 22). Auch die Pädagog*innen der Wohngruppe machen sich innerhalb der Runde zum Ziel, als Assistenz auf

Augenhöhe zu begegnen und verzichten bewusst auf eine Expert*innen- oder Leh-rer*innen-Rolle (Balzer 2018, 2).

Abbildung 4: „Ablauf der VHT-Elternrunden" (eigene Darstellung 2019)

Auf Basis dieser Grundgedanken finden bisher auch die VHT-Elternrunden circa einmal im Verlauf eines Jahres statt, als eines der jeweils mehrwöchigen Module. Dabei wird sie von den zwei VHTler*innen im Tandem durchgeführt. Ihre Struktur orientiert sich an Gens' Elternkurs, der traditionell als freiwilliges Angebot Kita- und Schulkind-Eltern „in die Förderung ihrer Kinder [einbeziehen]" (Gens 2003, o.S.) möchte. Die einstündigen, wöchentlichen Elternrunden wurden den entsprechen-den Basiskommunikationsprinzipien beziehungsweise deren Bündeln zugeordnet und durch die Einheit ‚Konflikte lösen', die auch Gens in ihrem Elternkurs vorschlägt (2003, o.S.), ergänzt. Eine einzelne Einheit besteht weiterhin immer aus den Schrit-ten, die im Schaubild skizziert sind.

Der Planung der einzelnen Elternrunden widmen die VHTler*innen genügend Zeit, in der Annahme, dass eine gute Planung und Gestaltung der Runde auch Wert-schätzung der Teilnehmenden bedeutet. So wird auch festgelegt, wer welchen Teil der Runde moderiert und wer währenddessen beispielsweise bereits die Technik vorbereitet. Insgesamt zeigt es sich als gewinnbringend, die Runde zu zweit zu gestalten.

Die Wirkung des VHT-Tandems wurde unter anderem im Zuge eines von ihm angebotenen Workshops an der Bundesfachtagung 2020 von Workshopteilnehmenden als positiv hervorgehoben. Auf den ihnen gezeigten Aufnahmen der Elternrunde war offenbar erkennbar, dass die Basiskommunikation der Pädagog*innen untereinander und gegenüber der Gruppe gelungen und mit hoher Wertschätzung versehen war, sodass sie eine Vorbildfunktion für die Elternteile der Runde einnahmen.

Weiterhin scheint es wichtig zu sein, die VHT-Inhalte auf die Elternteile vor Ort anzupassen. Dies gilt nicht nur für die Durchführung der Runde, sondern bereits beim Bereitstellen des Materials. Gens stellt in ihrem Elternkurs das „Kleine[...] 1x1 der guten Kontakte [als] Begleitheft zum Video-Home-Training" (Gens 2003, o.S.) ihrer Eltern-Zielgruppe zur Verfügung. Daran orientiert fand eine Anpassung der Materialien für die Eltern der Wohngruppe statt.

---

1. Initiativen erkennen und folgen

Was ist eine Initiative?

- etwas, was mein Kind aus eigenem Antrieb tut oder sagt
- Kontaktaufnahme mit etwas oder jemandem

Wie erkenne ich eine Initiative?

- Ich verfolge, was mein Kind tut
- Ich wende mich meinem Kind zu
- Ich beobachte es
- Ich „schaue mit"
- mit freundlichem Gesichtsausdruck und offener Körperhaltung

www.freepik.com/photos/funny-baby'>Funny baby photo created by freepic.diller -

> Für Ihr Kind ist es wichtig zu merken,
> dass Sie die Initiativen wahrgenommen haben.

Übung bis nächste Woche:
Wie ergreift mein Kind die Initiative? Wie macht mein Kind Kontaktaufnahme?

aus: Hannelore Gens' Elternkurs „Erziehen durch guten Kontakt"

Abbildung 5: Beispielhandout der VHT-Elternrunde" (eigene Darstellung 2019)

Die Handouts, welche je eine Einheit und Kommunikationsbündel zusammenfassen, versuchen mit möglichst wenig Text, kurzen Sätzen, einfachen Worten und konkreter ‚Anleitung' gut strukturiert den VHT-Inhalt festzuhalten. Ziel dabei ist, dass die Merkzettel nicht sofort wegen befürchteter Überforderung verworfen werden, sondern die Einfachheit einlädt, sich das nochmalige Lesen zuzutrauen. Dieses Prinzip erinnert im weiteren Sinne an VHT-Arbeit innerhalb Begleiteter Elternschaft (BE), zu der Rössel die leichte Sprache als wesentlichen Pfeiler der Arbeit nennt (2016, 90).

Bei der Durchführung gilt das Prinzip des Passendmachens auch für die Dauer der Runde und der Gestaltung des Settings. Meist kann eine Stunde konzentriert gearbeitet werden. Zum anderen darf der Inputteil, also das Erklären des heutigen Kommunikationsprinzips nur knapp ausfallen und soll sich so wenig wie möglich nach – gar frontalem – Unterricht anfühlen. Andernfalls drohen Teilnehmende ‚auszusteigen' – so die Beobachtung. Zweifellos stimmt hier Armbrusters Einschätzung, dass klassische Settings von Elternseminaren multibelastete Eltern nicht gewinnen und es „einen angepassten Zugang [braucht], der ihren spezifischen Bedürfnissen gerecht wird und sie besonders einlädt, sich mit der Thematik ‚Erziehung' zu beschäftigen" (Armbruster 2006, 17). Bei der Erfüllung dieses Anspruchs setzen die VHTler*innen weiterhin auf eine Strategie, die Armbruster wohl als „Grundbedürfnisbefriedigung am eigenen Leib erfahrbar […] machen" (2006, 22) betiteln würde. Um ins Lernen zu kommen, werden in der Runde möglichst Bedürfnisse befriedigt, die ein solches erst möglich machen. Die maslow'sche Bedürfnispyramide zu Rate ziehend, sind unter anderem die physiologischen Bedürfnisse zuvörderst, weiterhin Sicherheitsbedürfnisse, soziale Bedürfnisse, Lob und Anerkennung sowie Selbstverwirklichung (Maslow 1978, 49ff.) zu befriedigen. Zunächst gibt es in der VHT-Elternrunde immer etwas zu essen und zu trinken; das Knabbern ist durchgehend erlaubt und wird von manchen Elternteilen genussvoll genutzt. Wie Eltern ihre Sicherheit, als zweites Bedürfnis, selbst einfordern, zeigt dieses Beispiel.

*Zu Beginn des VHT-Prozesses wurden Erwartungen und auch Ängste miteinander gesammelt. Die Eltern sprachen ihre Befürchtung aus, dass es zu Bloßstellungen kommen kann, wenn nicht gelungene Eltern-Kind-Interaktionen gezeigt würden. Gemeinsam wurde festgelegt, dass ausschließlich gelungene Momente, also nur gewissenhaft geschnittene Videos gezeigt würden und dass die VHTler*innen immer Sorge dafür tragen sollen, dass einander keine negativen Rückmeldungen gegeben werden. Erst nach dieser Vereinbarung konnte anfängliche Skepsis abgebaut werden.*

Nach Sicherheit suchend, ist auch zu Beginn jeder Sitzung ein erneutes ‚Abtasten' seitens mancher Elternteile notwendig. Auch zusammenhängend mit dem sozialen Bedürfnis, scheinen manche Elternteile in der Runde teils zu testen, ob die Fachkräfte noch in Beziehung mit ihnen sind. Es erweist sich als wichtig, auf alle Initiativen der Teilnehmenden konsequent einzugehen. Darüber hinaus eignet sich gerade die anfängliche Befindlichkeitsrunde, jedes einzelne Gruppenmitglied zu begrüßen und zu würdigen. Es ist weiterhin darauf zu achten, im Sinne des Prinzips ‚Aufmerksamkeit verteilen', alle Eltern gleich miteinzubeziehen und immer wieder die Botschaft zu sehen ‚ich sehe Sie'. Wiederum damit zusammenhängend scheint das Grundbedürfnis nach Lob und Anerkennung zu befriedigen zu sein. Die Erfahrung zeigt, dass hier nicht nur das ohnehin im VHT übliche Bestärken gemeint ist, sondern beispielsweise auch folgendes.

Im Verlauf der ersten drei VHT-Elternrunden ‚klopften' manche Elternteile ‚Sprüche' oder machten gewagte Scherze und wirkten sehr wach in Bezug darauf, wie die Pädagog*innen wohl reagieren würden. Es war unerlässlich, hier anerkennend herzlich mitzulachen und ebenso charmanten Humor zu beweisen. Es zeigte sich, dass die Eltern so in ihrem Beziehungs- und Anerkennungsbedürfnis ‚genährt' und letztlich gewonnen werden konnten.

Weiterhin wird besagten Bedürfnissen das Gruppensetting an sich gerecht, indem sich die Eltern als kommunikatives Selbst und gleichberechtigtes, vollwertiges Mitglied der Gruppe erleben. Dem inneren Kind – konkreter noch – dem „Sonnenkind" (Stahl 2015, 23) mit all seiner Neugierde und Fröhlichkeit möchten die Pädagog*innen mit einem weiteren unerlässlichen Element der VHT-Elternrunde Raum geben: dem Spielen. Dass das Spiel über all seine positiven Wirkungen, wie beispielsweise Spaß, Lachen, die Ausschüttung von Glückshormonen, das Entstehen von Beziehung und Vertrauen, hinaus, auch eine für den VHT-Prozess unterstützende Wirkung hat, beschreibt Ball (2016, 6). Das Spiel regt gelungene Interaktion an, die in der Rückschau dann sichtbar gemacht werden kann. Sie rät zudem, „gezielt ein zu lernendes Element aus dem entsprechenden [Basiskommunikations-]Bündel auszuwählen" (Ball 2016, 6), ein entsprechend geeignetes Spiel einzusetzen und es den Mitspielenden so erlebbar zu machen. Auf genau diese Weise wird in der Elternrunde gearbeitet. Das Spielen wird gefilmt, im Anschluss eine kleine Rückschau dazu gemacht und mit den Teilnehmenden nach dem Basiskommunikationsprinzip gesucht, am Bild bestärkt und die positiven Bilder genossen. Im Verlauf der Elternrunden werden ergänzend zu Spielszenen der Elterngruppe Eltern-Kind-Interaktionen der einzelnen Elternteile mit ihren Kindern gezeigt. Diese Rückschauen unterscheiden sich dadurch, dass sie geschnitten sind und jede Woche ein anderes Eltern-Kind-Paar an der Reihe ist. Dieses Vorgehen gleicht dabei dem, das Fischer beschreibt, der ebenfalls Eltern-Kind-Videos in Elterngruppen präsentiert, um zu ermöglichen „am eigenen Modell gelungenes Erziehungsverhalten zu lernen" (Fischer 2016, 28). In der Wohngruppe zeigt sich nach dem anfänglichen Vertrauens- und Beziehungsaufbau untereinander, dass die Elternteile sich gegenseitig für ihre gelungenen Interaktionen auf dem Video zu loben beginnen. Fischer beschreibt weiterhin, den Eltern Beobachtungs- oder Übungsaufgaben zum jeweiligen Basiskommunikationsprinzip mitzugeben (2016, 28). Auch dieses Element ist fester Bestandteil der VHT-Elternrunde, es handelt sich um das Aufgeben der ‚Wochenaktivität'.

Als besonders erfreuliche Wirkung, auch in Bezug auf das Ziel des Elternrunden-zwecks insgesamt, ist zu beobachten, dass der Gruppenzusammenhalt, die Beziehung, das Vertrauen, Solidarität und eine wertschätzende Kommunikation unter den Elternteilen durch VHT gewachsen ist.

Ebenso werden durch die VHT-Elternrunde gezielt die Haltung des guten Kontakts und seiner Bestandteile vermittelt und bei jedem Elternteil ist – natürlich nicht vergleichbar zu einem persönlichen VHT-Prozess – ein Teil positiver VHT-Wirkungen eingetreten. Bei der Auswertung am Ende konnten alle Elternteile benennen, was sie mitnehmen werden.

Insgesamt scheint es sich also um ein vielversprechendes Modell zu handeln. Kritisch benannt muss an dieser Stelle sein, dass die Durchführung der Runde stark von individuellen Elternteilen und der dadurch entstehenden Gruppendynamik abhängen kann. So schadet es dem Vertrauen und dem Öffnen in der Runde, wenn einzelne Teilnehmende fernbleiben oder sporadisch teilnehmen. Wie hiermit umgegangen werden kann und wie fehlende, einzelne Elternteile doch noch gewonnen werden können, bleibt eine offene Frage.

3.4 VHT in der Ausbildung

In der Praxis der Untersuchungswohngruppe hat sich über die Nutzung der VHT-Methode für Kinder und Eltern hinaus, auch die Nutzung auf Ebene des Personals etabliert. Einerseits im Rahmen von Fallbesprechung und Teamsitzung, was im Rahmen des nächsten Unterkapitels beleuchtet wird, und andererseits im Rahmen der Ausbildung angehender Pädagog*innen.

VHT in Form von Beratung für Professionelle wurde längere Zeit unter der Überschrift VIB – Video-Interaktions-Begleitung – zusammengefasst (Halm 1999, 291). Es handelt sich dabei um „eine auf die [...] Arbeitsbedingungen in institutionellen Arbeitsfeldern abgewandelte und erweiterte Form des [VHT's]" (Halm 1999, 291). Dass VIB beziehungsweise VHT sich als Methode innerhalb pädagogischer Ausbildungen eignet, benennt bereits Schlömer, die die Methode in verschiedenen Stationen innerhalb der Erziehendenausbildung einsetzt (1999, 281). Für Auszubildende werden Verhaltensweisen von Kindern, die Beziehung zu ihnen sowie das eigene pädagogische Verhalten laut der Autorin „viel anschaulicher, bewusster, objektiver und genauer" (Schlömer 1999, 283). Halm nennt weiterhin Faktoren, die bei der Beratung von Professionellen besonders zu beachten sind (1999, 293), welche bei angehenden Fachkräften ebenso Gültigkeit finden dürften. Es gilt sich zunächst vor Augen zu führen, dass das Gegenüber selbst eine, im Fall von Auszubildenden wenn auch eine noch unvollendete, Berufsausbildung und -erfahrung in den Beratungsprozess mitbringt. Es trägt aus diesem Grund auch die Hauptverantwortung für seinen VHT-Prozess. Institutionelle Faktoren, die Halm als zweites nennt, nehmen weiterhin Einfluss auf die Beratung angehender und bereits ausgebildeter Fachkräfte. So spielen immer auch Rahmenbedingungen sowie die konzeptionelle Ausrichtung einer Einrichtung in das VHT-Thema mit hinein. Verschiedene Teilsysteme hängen rund um die Hauptakteur*innen des Beratungsprozesses, also die (angehende) Fachkraft und das Kind, zusammen und beeinflussen sich gegenseitig. Dies muss im Prozess Berücksichtigung finden. Dass (werdende) Professionelle, womöglich auch abhängig vom sonstigen Arbeitsklima ihrer Einrichtung, sich teilweise besonders selbstkritisch im Rückschau-Setting zeigen, nennt Halm als weiteres, zu beachtendes Merkmal. So setzen sich die zu Begleitenden oft sehr kritisch mit sich, ihrem Handeln und ihrer Person auseinander. Hier kommt der*m VHTler*in die Aufgabe zu, in wiederum positive Fahrwasser zu steuern. (Halm 1999, 293) Als letzte Einflussgruppe, die in VHT-Prozesse im professionellen Setting Einzug finden, nennt Halm Hemmschwellen. So können auch bei Auszubildenden Unsicherheiten gegenüber dem Gefilmt werden sowie Ängste vor Bewertungen der*s VHTler*in vorhanden sein (Halm 1999, 294). Halm unternimmt weiterhin noch eine genauere Beschreibung von Einsatzfeldern der Video-Interaktions-Begleitung innerhalb der stationären Erziehungshilfe. Drei von den sechs Ausrichtungen sind auch auf die Ausbildung von Fachkräften beziehbar. So findet VHT mit Auszubildenden einerseits statt, um die „kommunikativen und sozialen Fähigkeiten[,] Entwicklungs- [und] Fördermöglichkeiten des Kindes zu erkennen" (Halm 1999, 294). Andererseits findet das Ziel, „die professionellen Fähigkeiten der sozialen Fachkraft bewusst zu machen, zu verstärken, zu reflektieren [und] zu entwickeln" (Halm 1999, 294) Anwendung. Zum Dritten benennt Halm, dass VHT zum Zweck der gezielten Anleitung und Einarbeitung genutzt werden kann (1999, 294).

Der Einsatz von VHT im Rahmen der Praxisanleitung hat sich in der Wohngruppe im Zeichen des Ausprobierens entwickelt. Die entstandene Praxis lässt sich, ähnlich den Zielsetzungen Halms, in drei Ausrichtungen gliedern.

a) Begleitung über die gesamte Ausbildungsspanne

Über die Ausbildungsdauer von drei Jahren hinweg wird für angehende (Jugend- und Heim-) Erzieher*innen und duale Student*innen VHT als Medium innerhalb der Anleitung angeboten. Im Verlauf der Ausbildung oder des Studiums absolvieren sie dabei vier bis sechs Einheiten, hierbei ist aufgrund der Langfristigkeit auch prozesshaftes VHT, also längerfristiges Arbeiten an bestimmten Themen der*s Auszubildenden möglich.

b) Einsatz im Praxissemester

Im Rahmen ihres Praxissemesters verbringen Studierende der Sozialen Arbeit, Frühkindlichen Bildung, Kindheitspädagogik oder Heilpädagogik etc. bisher je drei bis fünf Monate innerhalb der Wohngruppe. Hier ist mindestens eine VHT-Einheit vorgesehen, die für eine eigene Fragestellung zur Verfügung steht.

c) Einsatz bei Freiwilligen

Auch wenn Personen im Freiwilligen Sozialen Jahr oder Bundesfreiwilligendienst im Grunde nicht unter Auszubildende fallen, sind sie pädagogisch Handelnde im Gruppenalltag und nicht selten diejenigen, die fast täglich in der Wohngruppe anwesend sind und besonders die Kinder stark prägen. Insbesondere wenn der*die Freiwillige sich für eine pädagogische Berufsausbildung interessiert oder er*sie als Auszubildende*r oder Studen*in angeworben werden soll, wird hier VHT eingesetzt, weil es sich wie keine andere Methode eignet, die besonders wertvollen Seiten des Berufsfeldes hervorzuheben. In Zeiten des Fachkräftemangels ist es ein wesentlicher Auftrag auch für Basismitarbeitende geworden, geeignete Kräfte zu finden und zu fördern. Auf der anderen Seite hat sich VHT auf Ebene der Freiwilligen auch als eine Art ‚Geschenk‘ etabliert und wird als gezielte Würdigung ihrer Arbeit dabei als einzelne Einheiten ‚zum Genießen‘ eingesetzt, was beobachtbar ihre Motivation fördern kann.

Ein genauer Blick auf die Gestaltung von VHT in der Ausbildung innerhalb der Wohngruppe offenbart darüber hinaus weitere in der Praxis gewachsene Prinzipien.

1) Einstimmung auf das Gegenüber

Die Ausgestaltung von VHT innerhalb der Ausbildung darf sich auf die Bedürfnisse, die Motivation und das Wesen der angehenden Fachkraft einstimmen. Dies gilt zum einen für die Intensität, also Rhythmus und Anzahl der Einheiten, als auch für die Fragestellung, die eigenständig oder mit Hilfe der Anleitung entwickelt wird. So darf hier sowohl der vage Auftrag der*s Auszubildenden gegeben werden, wie beispielsweise ‚Film mich einfach mal, ich würde gern sehen, wie ich das mach‘, als auch gut erarbeitete Fragestellungen, die auf spezifische Situationen und eigene Lernpunkte abzielen. Eine besonders intensive Nutzung von VHT in der Ausbildung wird in diesem Praxisbeispiel sichtbar.

So initiierte eine Auszubildende nach einigen VHT-Einheiten selbst ein VHT-Projekt für ein sechsjähriges Kind, mit dem sie das Thema ‚Teilen‘ in drei Schritten bearbeiten wollte. Sie las ihm im ersten Schritt ein Buch über das Teilen vor, um mit ihm darüber ins Gespräch zu kommen, im zweiten Schritt bereiteten sie gemeinsam Glitzerknete zu, verteilten sie auf sieben Becher und im dritten Schritt durfte das Kind diese seinen Mitbewohner*innen jeweils feierlich schenken. Alle drei Schritte wurden von ihr gefilmt und ihm dann zu dritt mit der VHT-lerin je in einer Rückschau bestärkend gezeigt und das gute Gefühl des Teilens ‚groß gemacht‘.

2) Sicherung einer gemeinsamen Kultur

Dieser Gesichtspunkt erklärt in besonderem Maße, warum VHT auch bei Freiwilligen und nur kurzzeitig anwesenden angehenden Fachkräften eingesetzt wird. Wie bereits benannt, sind sie meist täglich da und prägen so den Gruppenalltag und die Kinder stark. Hierbei ist die Prämisse, dass die ressourcenorientierte, konsequent positive Haltung der Fachkräfte nicht ausreicht, um ein wohlwollendes Wohngruppenklima herzustellen. Es braucht das bewusste Mitmachen aller Auszubildenden und Freiwilligen. Um wertschätzend zu sein, müssen sie sich selbst wertgeschätzt fühlen. VHT stellt hier einen Schlüssel dar.

3) Information und Verbreitung

Unabhängig von eigenen VHT-Einheiten und Prozessen erlangen Angehörige aller drei oben aufgeführter Ausrichtungen einen umfassenden Einblick in die gängige VHT-Praxis der Wohngruppe, zum VHT-Konzept, zur Methode selbst und Einsicht in exemplarische VHT-Prozesse und Videobilder. Dieser Praxiseinblick wird ohnehin von Fach- und Hochschule gefordert. Die informative Vermittlung von VHT ist aber nicht zuletzt auch vor dem immer mitschwingenden Ziel wichtig, dass die Methode mehr Bekanntheit und neue Professionelle gewinnen und Einzug in weitere Einrichtungen erwirken möchte. Es liegt eine Chance darin, dass Auszubildende, die positive Erfahrungen und Eindrücke von VHT haben, in weiteren Settings davon berichten.

3.5 VHT im Team

Der bereits benannte Einsatz von VHT auf Ebene des Personals meint über die Anleitung angehender Fachkräfte hinaus auch VHT im pädagogischen Team. Diese VHT-Ebene soll zunächst auf zwei Ebenen betrachtet werden, die in der Wohngruppe bereits Anwendung finden.

Zum einen findet VHT zunehmend Einzug in die Teamsitzung innerhalb von Fallbesprechungen, welche von psychologischer Fachberatung moderiert wird. Es wird bisher gemeinsam Rückschau gehalten und, wie auch Reekers es für die Bearbeitung unter Kolleg*innen beschreibt, „zunächst schwerpunktmäßig die Ressourcen des Kindes herausgearbeitet" (Reekers 2009, 59) und die Frage gestellt „Was braucht das Kind?" (Reekers 2009, 58). Und zwar explizit zu Fallsituationen, in denen es den Fachkräften aktuell schlechter gelingt, konsequent positiv zu bleiben und Stärken wahrzunehmen. So lautet ein Auftrag des Teams an die VHTler*innen im Eröffnungsjahr 2018. Darüber hinaus finden Präsentationen von VHT-Prozessen statt, so fassen die VHTler*innen den bisherigen Prozess ihrer zu begleitenden Familie in einem Videoschnitt zusammen und stellen sie in der Fallbesprechung rückschauartig vor. Es etabliert sich das Vorgehen, dass am Ende Eindrücke zusammengetragen und Ideen darüber gesammelt werden, welche Schwerpunkte, welche Beteiligten und nächste Schritte nach der Meinung der Teammitglieder weiterhin im Prozess fokussiert werden sollen.

Charakteristisch für VHT in den Fallbesprechungen der Wohngruppe ist dabei bisher, dass die Initiative von der jeweiligen VHTlerin ergriffen wird und sie nach eigenem Ermessen den Zeitpunkt, das Einbringen und das Thema ihrer Videopräsentation gestaltet. Auf diese Weise entsteht noch keine festgelegte Form, also kein Rhythmus, keine Routine und keine Verbindlichkeit. Dies könnte als Hemmfaktor für die wachsende VHT-Kultur gesehen werden. Es besteht darüber hinaus eine gegenseitige Unsicherheit: Die Teammitglieder befinden sich in Abhängigkeit von der Eigeninitiative der VHTler*innen und im Gegenzug befinden sich diese in unsicherem Abwägen ob ihr Ermessen, welches bereits beschrieben wurde, auch teamkonform ist. Ein weiteres Hemmnis, VHT als Fallbesprechung weiter auszubauen ist der Zeitfaktor. Es kostet zum einen Zeit, die Fallbesprechungen vorzubereiten und es braucht ausreichend Zeit, sich die Videobilder gemeinsam anzusehen – Zeit, die es erfahrungsgemäß bei der Fülle von Themen innerhalb der Teamsitzung nicht zu geben scheint.

Dass VHT mehr für Teams zu bieten hätte, beschreiben Brümmer und ter Horst zur diagnostischen Nutzung von VHT, welches nicht „die Begleitung von Familien, sondern [...] die Verbesserung des professionellen Alltags" (2009, 37) zum Ziel hat. Es fokussiert dabei,

> „Mitarbeite[nde] in der ressourcenorientierten Videoanalyse – mit dem Fokus auf [...] Interaktionsmuster, Entwicklungsstand, Stärken und Förderbedarf des jeweiligen Kindes [...] zu schulen und die Ergebnisse in der [...] Zusammenarbeit zu nutzen" (Brümmer/ter Horst 2009, 37).

VHT in Diagnostikprozessen sieht vor, zumindest wurde so laut Brümmer und ter Horst die VID-Fortbildungspraxis gestaltet, dass einmal monatlich Videozusammenschnitte im Team gezeigt werden und dort gemeinsam Videoanalyse betrieben wird (2009, 42). Weil jede einzelne, beobachtete Wirkung ein überzeugendes Argument für die Etablierung der VHT-Fallbesprechung im Wohngruppenkontext bildet, werden sie hier in Gänze aufgeführt.

- „[N]ach den Aufnahmebesprechungen fühlten sich die Kolleg[*inn]en zuständig
- das Team konnte sich noch besser, konkreter absprechen
- das WIR-Gefühl wächst
- schnellere Lösungen, effektiv im Hier und Jetzt – Überprüfung möglich
- viele Ressourcen beim Kind [beziehungsweise] der Gruppe gesehen
- Abstimmung über Strukturen und Rituale
- Veränderung von Kleinigkeiten zeigt eine große Wirkung
- Situationen, in denen die Kinder ausrasten, werden minimiert, weil für alle klarer wird, was die Kinder brauchen
- neue Sichtweisen und Wertigkeiten erhöhen die Motivation
- das Medium Video bietet die Möglichkeit der objektiveren Darstellung" (Brümmer/ter Horst 2009, 42f.)

Einige dieser Wirkungen können in der vergleichsweise dünnen VHT-Fallbesprechungspraxis der Wohngruppe beobachtet werden. Vervollständigt mit den Beobachtungen Brümmers und ter Horsts, steht die Attraktivität der Entwicklung eines eigenen, hieran angelehnten Teamkonzepts außer Frage.

Die zweite Ebene von VHT im Team bilden VHT-Prozesse, die die Teammitglieder miteinander in den Blick nimmt. So kann bisher „gelungene Kommunikation zwischen [ihnen] durch Video-Rückschauen seitens der Fachbereichsleitung sichtbar gemacht [werden]" (Vogt/Balzer 2019, 14). Jene absolvierte selbst einen Teil der VHT-Ausbildung und bietet prinzipiell an, VHT-Aufträge, die Teamdynamik betreffend, anzunehmen. Hier offenbart sich allerdings wiederum das Thema der zeitlichen Kapazität in Anbetracht einer Fülle originärer Leitungsaufgaben. Hinzu kommt, dass Teamprozesse als Thema strukturell dem Setting der Teamsupervision zugeordnet sind, welche von externen Supervisor*innen geleitet werden. Vor diesem Hintergrund erscheint es naheliegend, sich VHTler*innen als Supervisor*innen zu beauftragen. Attraktiv erscheint hier auch, Supervisor*innen mit Doppelqualifikation zu engagieren, sodass nicht ausschließlich eine Methode genutzt werden muss. Wie VHT-Supervision auf Teamebene beispielsweise aussehen kann – hierzu regt Feyrer an, der sich typischen Problemen gerade innerhalb Teamsitzungen annimmt. Hierzu zählen zum Beispiel „verspäteter Beginn, [fehlendes] Anfangsritual, [dass keine*r] die Gesprächsführung [übernimmt], fehlendes Zeitmanagement [sowie] Pausenregelung" (Feyrer 2020, o.S.). Hinzu komme das Vergessen von gemeinsamen Beschlüssen. Seine Videoberatung wendet sich diesen Themen explizit zu mithilfe eines hierfür entwickelten Konzeptes, das am VHT-Bundesfachtag 2020 im Rahmen eines Workshops vorgestellt wurde. Der neunmonatige VHT-Prozess, der für Teams vorgesehen ist, nutzt besonders neue Technologie und wird laut Feyrer mit Erfolg durchgeführt. (2020, o.S.)

Anknüpfend an die Fachkräfte-Ebene und auch als Abschluss dieses Hauptkapitels, soll an dieser Stelle noch ein kleiner und dennoch wichtiger Exkurs stattfinden. Ter Horst greift das Thema der Implementierung von VHT innerhalb Organisationen auf, welches auch im Interesse des VHT's innerhalb der Wohngruppe, dessen Fortbestand und Qualitätssicherung liegt. Er beschreibt dabei, dass „Zeit, Raum und finanzielle Ressourcen [verbunden mit einem] lange[m] Atem" (ter Horst 2009, 163) vonnöten sind und erläutert dabei die Schritte der Implementation der Methode im Kinder- und Jugendhilfeverbundsystem Eylarduswerk. Beginnend mit der bewussten Entscheidung für VHT, der Einrichtung einer Projektstelle und der gezielten Nutzung des Fortbildungsbudgets für die VHT-Ausbildung einer Vielzahl von Mitarbeitenden (ter Horst 2009, 157). Für die Wohngruppe besteht der etwas schlichtere Anspruch, dass VHT langfristig einen Platz innerhalb der Einrichtung und vorrangig natürlich am Ort der vorgestellten Wohngruppe hat. Was kann von dieser Stelle aus zur Implementierung und Qualitätssicherung des VHTs beigetragen werden? Als unerlässlich für die Qualitätsentwicklung des VHTs insgesamt beschreibt ter Horst die verbandlichen Strukturen (2009, 162), also SPIN DGVB e.V. und als Bundesverband und als Landesverband entsprechend SPIN Baden Württemberg e.V.. Es gilt zum einen, diese verbandliche Sicherung zu unterstützen, als auch mit ihr verbunden zu bleiben. Konkret heißt dies, dass die Wohngruppe sich durch die Teilnahme an SPIN-Bundesfachtagungen und SPIN-Foren am fachlichen Diskurs beteiligt. Vernetzung ist auch in kleinerer Dimension angezeigt, wie beispielsweise innerhalb

der Einrichtung. Diesbezüglich ist bereits ein großer Erfolg zu verbuchen: Zur Qualitätssicherung entsteht dieses Jahr eine VHT-Intervisionsgruppe, die drei Mal im
Jahr verbindlich stattfinden und mit Stundenkontingent gefördert werden soll. Es
werden dabei einrichtungsweit Fachkräfte mit Videoberatungsausbildungen zusam-
menkommen, was eine wachsende Präsenz und auch Fortentwicklung ermöglicht.
Die Wohngruppe ist in diesem ‚Präsenz zeigen‘ bereits tätig, indem in übergreifen-
den Klausurtagen, in Gremien, in interessierten Teams und benachbarten Bera-
tungszentren einführende Präsentationen zu VHT und Teilen des VHT-Konzeptes
gehalten werden, was ter Horst „als erste[n] Schritt zur Implementation" (2009,160)
betitelt. Weiterhin wichtig sei es, „Entscheidungsträger[*innen] und Schlüsselperso-
nen" (ter Horst 2009, 160) zu erreichen. Dies geschieht in der Praxis ebenso bereits
durch das gezielte Ansprechen der Gesamtleitenden und Geschäftsführenden und
auch durch Artikel in Jahreszeitungen, in der auf sich aufmerksam gemacht werden
kann. Diese beschriebene Dimension ‚nach außen‘ ist für die Qualitätsentwicklung
von VHT im Großen wie im Kleinen unerlässlich und muss deshalb auch langfristig
einen Pfeiler der VHT-Arbeit in der Wohngruppe darstellen. Die benannten Schritte
bilden hier bereits eine Basis.

Nachdem nun ein umfassender Einblick in die Praxis des VHT's innerhalb der
Wohngruppe erlangt wurde, macht sich die vorliegende Arbeit auf den Weg zu
neuem Erkenntnisgewinn.

4 Forschungsteil

Dieses Kapitel beschreibt zunächst das Forschungsdesign der Untersuchung und
kommt damit den Fragen nach präzisem Forschungsgegenstand, der Datensamm-
lung und Datenanalyse nach. Es fasst im Anschluss die Ergebnisse zusammen, um
sie abschließend zu interpretieren.

4.1 Forschungsdesign

Zur Untersuchung des Forschungsgegenstandes wird eine qualitative Einzelfallstudie durchgeführt, da Ziel eine „möglichst authentische Erfassung der Lebenswelt
der Untersuchten" (Schaffer/Schaffer 2020, 47) und die „systematisierende[...] Ex-
ploration und Erschließung eines weitgehend unbekannten Untersuchungsfeldes"
(Schaffer/Schaffer 2020, 47) ist. Es soll um die unvoreingenommene Betrachtung
eines Wahrnehmungs- und Meinungsbildes über VHT, der persönlichen Wirklichkeit
der Adressat*innen mit VHT in der Wohngruppe gehen und nicht um die Überprüfung vorab gebildeter Hypothesen von außen.

Das Kriterium des weitgehend unbekannten Untersuchungsfeldes (Schaffer/Schaf-
fer 2020, 47) erfüllt der vorliegende Forschungsgegenstand insofern, als dass keine
veröffentlichten Studien im deutschsprachigen Raum zum Thema VHT in stationärer Erziehungshilfe geschweige denn elternaktivierender stationärer Erziehungshilfe

vorliegen. Auch wenn vermutet werden kann, dass vergleichbare elternaktivierende Wohngruppensettings unterstützt durch VHT-Arbeit existieren und in jenen interne Evaluationen vorliegen. Thematisch einordnen ließe sich die vorliegende Forschung zwischen

- der qualitativen Elternbefragung von Schafhausen innerhalb einer Tagesgruppe (1999, 355f.),
- der quantitativen Befragung von Einrichtungen, die VHT anbieten, die Räder beschreibt (1999, 367ff.),
- der qualitativen Untersuchung von sechs Familien mit verschiedenen VHT-Erfahrungslevels im Rahmen eines Ausbildungskurses von Kreuzer (1999, 182ff.)
- der Evaluation zum Einsatz von VHT im Hilfeplanverfahren durch Eltern und Fachkräfte von ter Horst (2009, 23f.),
- der Evaluation durch VID-Ausbildungsteilnehmende zum Einsatz in ihren Praxisstellen von Brümmer und ter Horst (2009, 48f.),
- sowie den quantitativen Elternbefragungen von Goltsche (2009, 165ff.).

Eine konkretere Verknüpfung der Forschungsgegenstände ist aus rahmenbedingten Gründen der vorliegenden Arbeit nicht möglich. Dennoch wird auch aus der Einordnung bestätigt, dass eine Forschungslücke besteht, welche die vorliegende Arbeit in kleinem Maße befüllen könnte.

Fallauswahl

Zur Beantwortung der Forschungsfrage ist es weitergehend notwendig, eine zentrale Einheit festzulegen und begründete Fallauswahl zu treffen. Die zu untersuchende Wohngruppe ist zur Durchführung der Studie gezielt gewählt. Von gezielter Fallauswahl ist zu sprechen, weil in der Personengruppe zum spezifischen Forschungsgegenstand reichlich und relevante Daten generiert werden können (Yin 2016, 93/Schaffer/Schaffer 2020, 240). Über die Auswahl einer bestimmten Wohngruppe hinaus, ist auch die interviewte Personengruppe zweckmäßig ausgewählt (Yin 2016, 93). Aus allen am Wohngruppensetting beteiligten Personen wurden insgesamt acht ausgewählt, und zwar Adressat*innen möglichst aller bereits beschriebenen VHT-Elemente der Gruppe, also zwei Kinder, zwei Elternteile, zwei Auszubildende sowie zwei Fachkräfte. Über die gleichmäßige Anzahl der Befragten hinaus, sorgen auch folgende Faktoren für möglichst große Ausgeglichenheit im späteren Ergebnis. So handelt es sich, wie in der Tabelle gut sichtbar, auch um eine geschlechterausgeglichene Zusammensetzung, als auch um verschiedene Erfahrungslevels bezüglich der Methode VHT.

Interview-teilnehmende	gesamt	männlich*	weiblich*	Erfahrung in VHT-Einheiten
Kinder	2	1	1	6 / 2
Elternteile	2	1	1	1 / 2 **
Betreuer*innen (keine VHTler*innen)	2	1	1	(siehe Kapitel 3.5)
Auszubildende	2	1	1	2 / 4

*keine VHT-Elternrunden-Erfahrung

Tabelle 1: „Interviewteilnehmende" (eigene Darstellung)

Datensammlung

Die Daten werden im Sinne der qualitativen Forschung mithilfe von Interviews generiert. Die semistrukturierten Interviews, auch Leitfadeninterviews genannt, zeichnen sich zunächst durch den im Voraus angefertigten Gesprächsleitfaden aus, der aus verschiedenen offenen Fragen zusammengestellt ist (Schaffer/Schaffer 2020, 242f.). Zur Erstellung des Leitfadens, welcher im Anhang in Augenschein zu nehmen ist, wurden konkretisierend zur Forschungsfrage weitere Unterforschungsfragen entworfen.

1) Welche Erfahrungen haben die Adressat*innen (Kinder, Eltern, Auszubildende und Fachkräfte) mit VHT gemacht?
2) Welche Aspekte sind dabei für die Adressat*innen besonders präsent/prägnant?
3) Welche Veränderungspotenziale gibt es aus Adressat*innensicht?

Die Fragen im Leitfaden werden entlang dieser Erkenntnisinteressen und mithilfe des Phasenmodells von Schaffer und Schaffer entwickelt. Demzufolge muss im ersten Schritt des Gesprächs der Untersuchungszweck mitgeteilt, die Anonymisierung der Daten zugesichert und die Erlaubnis zur Tonaufnahme des Gesprächs eingeholt werden (Schaffer/Schaffer 2020, 245). Darauf folgt eine eröffnende Frage, die direkt ins Thema führt, um danach zu den Hauptfragen zu kommen. Abrundend wird immer danach gefragt, ob der*dem Befragte*n noch etwas Ergänzendes einfällt (2020, 248). Innerhalb semistrukturierter Interviews sind weiterhin Nachfragen der*s Fragenden und der*s Befragten, sowie ermunternde Erzählanregungen erwünscht, damit der Gesprächsfluss möglichst aufrechterhalten, als auch die Gesprächssituation offen und einladend gestaltet wird (2020, 242ff.). Es wird weiterhin dem Prinzip der Kommunikativität gefolgt, also dem Anpassen der Sprache auf das Gegenüber, als auch dem Prinzip der Zurückhaltung und der Unvoreingenommenheit der

Interviewleitenden (2020, 243f.). Die Interviews dauern durchschnittlich zehn Minuten und werden persönlich geführt, wobei keine weiteren Personen anwesend sind. Durch die Tatsache, dass es sich bei der Interviewenden um die VHTlerin der zu untersuchenden Wohngruppe handelt, kann eine Beeinflussung der Befragten nicht ausgeschlossen (Yin 2016, 86) werden, auch wenn explizit zur authentischen Meinungsäußerung animiert wurde. Allerdings bilden sich durch diese Tatsache auch die gesprächsförderlichen Faktoren, dass schnell eine möglichst gewohnte, alltägliche Gesprächssituation (Schaffer/Schaffer 2020, 243) hergestellt ist und bereits Vertrauen zwischen den Interviewpartner*innen besteht.

Datenanalyse

Im Schritt der Datenanalyse werden die aufgezeichneten Interviews inhaltsgenau transkribiert und die persönlichen Daten der Befragten pseudonymisiert. Verzögerungen sind im Transkript mit Punkten dargestellt, während Verzögerungslaute nicht enthalten sind. Laut Saldana findet im ersten Schritt einer Kodierung die Zuordnung eines Codes zu einem transkribierten Wort oder Textabschnitt statt (2016, 4). Jeder Abschnitt mit demselben Thema bekommt dabei denselben Code. Auf diese Weise können vierzehn induktive, also aus dem Phänomen generierte, Codes gewonnen werden, welche der Kodierungsliste im Anhang zu entnehmen sind. Im zweiten Schritt werden zusammenpassende Codes zu Kategorien zusammengefasst (Saldana 2016, 9f.).

Die Glaubwürdigkeit und Validität der Forschung wird durch die genau beschriebene Vorgehensweise und die begründeten Schlussfolgerungen maximiert (Yin 2016, 88f.).

4.2 Ergebniszusammenfassung

Die durch das beschriebene Verfahren generierten Codes und gebildeten Kategorien sind zur Übersicht in der vorliegenden Tabelle aufgelistet. Die Ergebnisse werden im Folgenden zusammengefasst.

Wie wirkt sich VHT im Kontext elternaktivierender stationärer Erziehungshilfe aus?		
Kategorie 1: **Wirkung**	**Kategorie 2:** **Veränderungspotenziale**	**Kategorie 3:** **Voreinstellung**
Codes:	*Codes:*	*Codes:*
Wirkung	Ausweitung VHT	Vorfreude
Wirkung Kind	Mitarbeitendenprozesse	Skepsis
Wirkung Eltern	Interesse an eigener VHT-Ausbildung	Datenschutz
Wirkung Wohngruppen-klima	Lernpunkte	erster Kontakt
Wirkung Team		
praktische Ausgestaltung		

Tabelle 2: „Kategorienbildung" (eigene Darstellung)

Alle Mitarbeitenden benennen in ähnlicher Form, dass sie „echt begeistert [und] positiv überrascht" (Auszubildende*r A) und dass die VHT-Ergebnisse sowie die VHT-Gestaltung in der Wohngruppe „super positiv" (Fachkraft B/Fachkraft A) seien. Als zentral benennen die Adressat*innen den Einsatz der „schönen Momente" (Elternteil B). Die Methode helfe, auf sich selbst zu schauen und sie stärke (Auszubildende*r A). VHT fokussiere Ressourcen und Stärken und helfe, den wertschätzenden Blick zu behalten (Fachkraft B/Auszubildende*r B). VHT sei „seelisches Futter... das kostbar ist" (Fachkraft B). Man bekomme „so ein riesen Geschenk vor die Nase gesetzt...und man freut sich dann einfach darüber" (Auszubildende*r B). Laut einer angehenden Fachkraft habe VHT insgesamt viel mit Freude zu tun. Es verbreite Freude und bewirke Vorfreude vor einer Rückschau. Es schenke so viel, das vorher nicht eingeschätzt werden könne und das sei das Schöne an VHT. (Auszubildende*r B)

Darüber hinaus werden weitere Wirkfaktoren der Videoarbeit von den Befragten wahrgenommen. So beschreiben beispielsweise die Auszubildenden konkret, dass VHT sichtbar mache, was „man mit dem bloßen Auge in der Situation gar nicht sehen [kann]" (Auszubildende*r B) und dass durch die Methode Unterbewusstes bewusst werde (Auszubildende*r A). Beide beschreiben, besonders aus ihren eigenen VHT-Einheiten „immer noch ganz viel raus [zu ziehen]" (Auszubildende*r B). Man könne verschiedene Perspektiven auf das Videomaterial einnehmen und Lernpunkte erkennen: „Boah, da würd' ich jetzt gern mal dran arbeiten" (Auszubildende*r B). Man verstehe durch VHT weiterhin, dass jedes Verhalten gute Gründe habe (Auszubildende*r B).

Die befragten Kinder formulieren über ihre VHT-Prozesse, dass ihnen diese Spaß und Freude bereiten würden. Sie seien fröhlich oder glücklich, wenn sie sich die Videos ansähen und es sei „alles" an VHT gut. (Kind A/Kind B) Beide benennen das

Thema ihrer Prozesse oder zählen auf, was sie bereits über sich gelernt hätten (Kind A/Kind B). Ein Kind beschreibt „dann seh ich mich auch…was ich mach…" und benennt, dass die Bilder, vor allem in ausgedruckter Form, im Gedächtnis blieben. Eine weitere Wirkung sei, dass es sich selbst mehr möge. (Kind A) Vier der sechs befragten Erwachsenen beschreiben darüber hinaus freudige Reaktionen der Kinder auf das Gefilmt werden im Alltag (Elternteil A/Fachkraft A/Fachkraft B/Auszubildende*r B).

> „Vor allem für Kinder ist es was ganz arg besonderes, hab ich so das Gefühl… die sind dann mega stolz, wenn sie grad gefilmt werden und… wenn grade was mit ihnen gemacht wird […] und haben dann glaub auch das Gefühl ‚ich bin wichtig' und […] fühlen sich glaub nochmal anders gesehen" (Fachkraft A).

Die Professionellen benennen darüber hinaus folgende Wirkungen bei Kindern. Es stärke das Selbstbewusstsein und das Selbstbild (Auszubildende*r A), fördere Wertschätzung, Selbstliebe, Selbstwahrnehmung und schaffe so die Voraussetzungen für Beziehung (Fachkraft B). VHT habe positive Botschaften für das Kind und sei gerade bei Minderwertigkeitsgefühlen wirkungsvoll (Fachkraft B). Bei einem Kind falle auf, dass es verhältnismäßig reflektierter, ruhiger und sozialkompetenter geworden sei (Fachkraft A).

Zur Wirkungsweise von VHT bei Eltern machen Elternteile selbst, als auch Mitarbeitende Aussagen. Elternteil A formuliert, dass VHT ihm die Möglichkeit eines Rückblicks biete, dass es Selbstsicherheit fördere und Vertrauen in sich selbst wiedergewonnen werden könne (Elternteil A). Dabei sei für das Elternteil die Rückmeldung von pädagogischem Fachpersonal ein entscheidender Faktor (Elternteil A). Elternteil B erachtet VHT als „sehr hilfreich" (Elternteil B) und benennt, inzwischen vermehrt auf Signale im Umgang mit seinem Kind zu achten. Zentral für Elternteil B seien die schönen Momente und das Anschauen von Gelungenem. Es entstehe Freude und Spannung auf das nächste Mal und das Elternteil habe „damals echt nicht gedacht, dass des so positiv auf einen [wirkt]" (Elternteil B).

Die Fachkräfte benennen die Elternrunde als gelungenes VHT-Element auf Elternebene (Fachkraft B). Sie benennen das Stärken von Selbstbewusstsein und die Thematik von Bedürfniswahrnehmung beim Kind als Beispielthemen für VHT-Elternarbeit (Fachkraft A). Eine Fachkraft beschreibt VHT als Entlastung für die bei der Familie zuständigen Bezugsbetreuung und Elternberatung, indem bezüglich bestimmter Themen gesagt werden kann: „‚Mach das mal mit der Kamera, ich glaub das wirkt besser, als wenn ich da irgendwas sag'" (Fachkraft A). VHT biete darüber hinaus für Eltern die Chance, ihre Kinder in einem positiven Licht wahrzunehmen (Fachkraft A). Als schwierig empfinde Fachkraft A VHT bei Adressat*innen ohne Problemeinsicht (Fachkraft A).

Drei der vier befragten Professionellen thematisieren den Einsatz von VHT innerhalb der Teamsitzungen beziehungsweise Fallbesprechungen konkreter. So würden gemeinsame Rückschauen als „Geschenk" (Auszubildende*r B) wahrgenommen. Eine Fachkraft formuliert

> „s'ist einfach nochmal so'n positiver Blick und auch n'positives Gefühl was sich verstärkt... weil man denkt, ,was für ein tolles Kind' und dann geht man nochmal ganz anders an das Kind ran" (Fachkraft A).

Weiterhin wird das Zeigen von VHT-Arbeit mit Eltern in der Fallbesprechung als nützlich empfunden, sodass auch die Teammitglieder ihren Blick auf das Thema der Familie wieder schärfen können (Auszubildende*r B). Es fördere insgesamt das professionelle Arbeiten und „steiger[e] halt einfach" (Auszubildende*r B).

Auf die Wirkung von VHT auf das Wohngruppenklima gehen drei Professionelle und ein Elternteil näher ein. Eine Fachkraft bekundet zunächst, noch nicht darauf geachtet zu haben und entscheidet im weiteren Verlauf

> „VHT ist ja nicht nur Rückschau und Filmen... es bringt ja auch ,ne Grundhaltung mit... und diese [...] versuchen wir im Wohngruppenalltag zu leben... also dieses Wertschätzende... das positive Verstärken... das Loben... also ich denk die Grundhaltung macht schon viel aus" (Fachkraft A).

Ein*e Auszubildende ordnet ebenfalls ein, dass VHT einen Beitrag zu Haltung und Klima leistet (Auszubildende*r B) und ein Elternteil hat die Idee, dass VHT sich positiv auf das Miteinander der Wohngruppe auswirken kann (Elternteil B).

Die beiden Fachkräfte thematisieren darüber hinaus, wie sie die praktische Ausgestaltung von VHT im Alltag wahrnehmen. Sie verlaufe für Fachkraft B unauffällig und sie „bekomme gar nicht mit, wenn jemand gefilmt wird" (Fachkraft B), während Fachkraft A Ideen entwickelt, wie sie die VHTler*innen durch „mal die Kamera [draufhalten]" (Fachkraft A) unterstützen könnte.

Die Hälfte der Befragten thematisiert, wie ihre anfängliche Einstellung gegenüber der Methode VHT gewesen sei. Zwei Personen davon seien bereits zu Beginn positiv eingestellt gewesen. So benennt eine Fachkraft, VHT bereits vor der Einführung in die Wohngruppe als sehr besondere Pädagogik gesehen zu haben und „sehr positiv eingestellt [gewesen zu sein]" (Fachkraft B). Ein Elternteil mit VHT-Vorerfahrungen habe bereits im Kennenlerngespräch formuliert, dass es über den Einsatz von VHT in der Hilfe sehr dankbar sein würde (Elternteil A). Im Gegensatz dazu wird vier Mal anfängliche Skepsis gegenüber VHT benannt. Ein Elternteil habe sich gedacht „is eigentlich nix für mich, brauch ich nicht" (Elternteil B). Ein*e Auszubildende*r formuliert, dass gerade das Filmen zu Beginn befremdlich gewesen sei und begründet dies mit „man kann das halt nicht so gut einschätzen, man ist ein bisschen unsicher, weil man denkt sich so ,was steckt dahinter'?'" (Auszubildende*r B). Fachkraft B habe beobachtet, dass einzelne Elternteile sehr kritisch gegenüber VHT gewesen seien, weil sie Angst davor gehabt hätten, Filmaufnahmen könnten als eine Art Beweismittel gegen sie verwendet werden (Fachkraft B). Auch im

Kollegium habe es anfänglich Skepsis gegeben aufgrund des Datenschutzes (Fachkraft B).

Auch außerhalb der Interviewfrage nach Veränderungswünschen, machen die Befragten Meinungsäußerungen dazu, welche Veränderungspotenziale sie in VHT im Wohngruppenkontext sehen. So formuliert ein*e Auszubildende*r

„ich würd mir einfach wünschen, dass VHT n'bisschen mehr Anerkennung bekommt...auch beim ersten Blick... [...] das ist glaub ich normal, dass man da n'bisschen skeptisch und dann überrascht ist... aber das würd ich mir wünschen für VHT... dass es einfach irgendwie sich so n'bisschen normalisiert" (Auszubildende*r B).

Sechs Personen sprechen sich weiterhin dafür aus, VHT aktiver, flächendeckender oder stärker in der Wohngruppe zu praktizieren. So formuliert ein Elternteil „jeder Elternteil sollte sowas eigentlich mal machen um zu sehen, ‚he wie schön kann es eigentlich sein?', [...] das braucht jeder Elternteil" (Elternteil B). Weiterhin haben ein Elternteil und ein Kind die Idee, VHT vermehrt für die Kindergruppe und deren Zusammenhalt einzusetzen (Elternteil A, Kind B). VHT solle für jeden zur Verfügung stehen, der es möchte (Kind B) und Eltern, Kinder sowie Mitarbeitende sollen von der Methode profitieren können (Kind B, Elternteil A, Auszubildende*r A). Zwei Erwachsene sprechen sich darüber hinaus dafür aus, dass VHT flexibel eingesetzt wird, auch mal „kurzfristig gefilmt [wird und] spontane Situationen [...] entstehen" (Elternteil A). Und ebenso Settings flexibel erweitert werden können, so wie beispielsweise das Einladen von Betreuenden zu Kinder-Prozessen. Denn „wenn es ist wie ein Ball der gerade prellt, dann sollte man ihn kicken...es wäre eine Gelegenheit" (Fachkraft B), so Fachkraft B. Im Zusammenhang mit den Wünschen nach mehr VHT, nennen drei Befragte noch im selben Satz das Thema der Kapazität der VHTler*innen. So beschreibt beispielsweise Fachkraft A, „schade, wenn's da nicht [...] Stunden dafür geben würde" (Fachkraft A).

Mit vorherigem Abschnitt zusammenhängend wird weitere vier Mal die Idee benannt, dass die Mitarbeitenden der Wohngruppe die Möglichkeit eigener VHT-Prozesse haben sollten. So formuliert eine Fachkraft beispielsweise den Wunsch, selbst von der VHT-Linse betrachtet zu werden (Fachkraft B), und ein Elternteil befindet „den Lernprozess [...] zum Beispiel für auch für Auszubildende [wichtig]" (Elternteil B). Drei der vier befragten Professionellen bekunden im Interviewverlauf ihr Interesse an einer eigenen VHT-Ausbildung beziehungsweise an einer Vertiefung in der Methode. So formuliert Auszubildende*r B, „echt interessiert [zu sein], das auch zu lernen" (Auszubildende*r B) und hofft auf ein entsprechendes Modul an der Fachhochschule. Fachkraft B bekundet, sich „auch gerne in VHT stürzen [zu] wollen" (Fachkraft B).

Zwei Elternteile thematisieren als Veränderungsidee, dass VHT ihnen auch die Möglichkeit bieten könnte, abgesehen vom positiven Blick auch negative oder verbesserungswürdige Themen zu erkennen und daran zu arbeiten (Elternteil A, Elternteil B).

4.3 Diskussion und Resümee

Die aufgeführten Ergebnisse stehen für sich und erlauben jeweils einzelne Schlüsse, die weitergedacht werden könnten. Im Folgenden kann nur auf besonders prägnante Zusammenhänge und Erkenntnisse eingegangen werden, um zu einem Fazit zu gelangen. Dabei wird sich nicht an der Auflistung bereits bekannter Inhalte und der Verknüpfung zu vergangenen Studien versucht, sondern vielmehr an der Pointierung der Aspekte, die das elternaktivierende stationäre Setting zu seiner Weiterentwicklung zusammenstellen kann.

Zunächst lässt sich feststellen, dass alle Adressat*innen unabhängig ihrer Rolle im Setting und ihres VHT-Erfahrungslevels positive Erfahrungen mit der Methode VHT beschreiben. Ihre Einstellung gegenüber VHT reicht von „gut" (Kind A) bis hin zu mehrfach beschriebener Begeisterung. Besonders aussagekräftig und eindrücklich sind dabei die Bilder, mit denen VHT teils beschrieben wird, wie beispielsweise „seelisches Futter…das kostbar ist" (Fachkraft B) oder „ein riesen Geschenk" (Auszubildende*r B). Ein genauerer Blick auf gewählte Begrifflichkeiten innerhalb der Transkripte als ein zweiter Schritt in der Datenanalyse, hätte dieses Ergebnis womöglich weiterhin unterstrichen. So verwenden die Adressat*innen bestimmte positive Worte auffallend oft, wie ‚Freude, super, positiv, schön, begeistert, Spaß' – um nur einige Beispiele zu nennen. Aus Adressat*innensicht wirkt VHT sich also in erster Linie ‚positiv' im Wohngruppensetting aus – ein Ergebnis, das noch vor weiteren Differenzierungen Würdigung verdient.

Daran anknüpfend zeigt sich ein hoher Grad an Kongruenz. Sowohl unter den Aussagen der Befragten, als auch innerhalb der Beziehung der Befragung zu der mit Eindrücken untermalten Praxisbeschreibung im dritten Kapitel, herrscht ein hohes Maß an Übereinstimmung in der Wahrnehmung von VHT im Setting. So beschreibt Fachkraft A (auf Seite 31) beispielsweise inhaltlich beinahe identisch mit dem Praxisbeispiel (auf Seite 15), wie Kinder sich beim Gefilmt werden im Alltag fühlen. Die große Einigkeit in zentralen Gesichtspunkten von VHT und dessen Einsatz im Wohngruppensetting kann als zweite Erkenntnis verbucht werden. Die gemeinsame Haltung und Wahrnehmung ist für die Durchführenden nicht nur ermutigend, sondern auch ‚Rückendeckung', Unterstützung und dadurch nicht zuletzt ein Wirkungs- und Gelingensfaktor der VHT-Arbeit in der Wohngruppe.

Weiterhin merklich ist, dass die Adressat*innen in ihren Erfahrungsberichten die zentralen Wirkungsweisen und Prämissen innerhalb der VHT-Theorie präsent haben. Beinahe alle Befragten beschreiben in ihren eigenen Worten Teile der VHT-Säulen, also die Haltung, die positive Herangehensweise, das Medium Video sowie das Thema Kommunikation. Es scheint also ein hohes ‚Begreifen' dessen, was VHT macht, zu bestehen. So gibt es unter den acht Interviews auch keine Aussage, die von falschen Annahmen über VHT zeugt. Aus diesem Gesichtspunkt ist darüber hinaus zu entnehmen, dass die Wirkung von VHT innerhalb des elternaktivierenden Wohngruppensettings sich nicht von den allseits bekannten Wirkungen von VHT unterscheidet. Die Adressat*innen erkennen insgesamt, dass VHT Selbstbewusstsein, Selbstsicherheit, Selbstvertrauen, erzieherische Kompetenz, gelungene Kommunikation und wertschätzendes Miteinander fördert, stärkt und Perspektivwechsel bewirkt. Dass die VHT-Wirkung im Wesentlichen nicht abweicht, kann als dritter Erkenntnisgewinn gewertet werden.

Ein besonderes Augenmerk verdient in diesem Resümee weiterhin das Thema VHT mit Kindern. Es ist aussagekräftig, dass die Befragten gerade zu dieser Ebene differenzierte Beschreibungen abgeben und positive Beobachtungen und Wahrnehmungen zur Wirkung äußern. Über längerfristige Effekte beim Kind gibt die Einzelfallstudie zwar keinen Aufschluss, aber die von Mitarbeitenden beobachteten kurzfristigen Wirkungen sowie die Aussagen der Kinder überzeugen. Auch im Sinne des Türöffner-Prinzips für Eltern. Eine Fortentwicklung des Kinder-VHTs ist anzustreben und in der Fachliteratur aufzugreifen. Besondere Übertragbarkeit des Kinder-VHTs der Untersuchungswohngruppe besteht für Wohngruppen, deren Hilfe beheimatend sowie schwerpunktmäßig am Kind und an Jugendlicher*m ansetzt. Dies ist ein viertes prägnantes Ergebnis.

Aktiver, flächendeckender, stärker oder mehr VHT – dies bildet die sechste Erkenntnis der Forschung. Es fällt ins Auge, dass viele Adressat*innen eigenaktiv benennen, dass ‚jede*r VHT mal machen' und es allen Akteur*innen in beliebigem Maß zur Verfügung stehen solle – Kindern, Eltern, Mitarbeitenden und Auszubildenden. Dass damit unweigerlich die Frage nach der VHT-Kapazität im Wohngruppensetting angestoßen ist, zeigt sich darin, dass auch dies als Thema bei den Befragten erkannt wird. Es braucht zeitliche Ressourcen für VHT in Form von Stundenkontingent. Weiterhin sind so viele Mitarbeitende wie möglich für die VHT-Ausbildung anzuwerben. Dass die VHT-Arbeit in der Wohngruppe die Ausbildung für weitere (angehende) Fachkräfte attraktiv macht, ist ebenfalls Teil der Befragungsergebnisse. Darüber hinaus sind weitere förderliche Bedingungen notwendig, auch über den einzelnen Wohngruppenkontext hinaus. Diese werden bereits im Kapitel 3.5 beleuchtet.

Des Weiteren sei hier nochmals das Thema Skepsis aufgegriffen. Was bereits aus der Literatur und weiteren Untersuchungen bekannt ist, zeigt sich über die Praxisbeschreibung im dritten Kapitel hinaus auch in der durchgeführten Befragung. Das Phänomen, dass VHT zunächst mit Skepsis und Misstrauen aufgrund des Mediums Video begegnet wird, scheint sich durchzuziehen. Auch in Zeiten des ständigen privaten Videodrehs mit dem eigenen Smartphone, scheint sich die Hemmschwelle zu halten und falsche Annahmen über die Methode erweisen sich als hartnäckig. Ist hierzu der einzige Schlüssel, VHT bekannter zu machen und somit für flächendeckende Aufklärung zu sorgen? Die VHT-Community muss sich sowohl diesem Auftrag widmen, könnte alternativ aber auch in die Frage investieren, wie VHT für Skeptische schnell an Abschreckung verlieren kann. Denn eine unumstößliche Beobachtung ist und bleibt: Wer einmal Kontakt hatte, ist „positiv überrascht" (Auszubildende*r A) und, wie die Ergebnisse zeigen, überzeugt.

In der Forschung nicht erfasst sind langfristige, konkrete Auswirkungen der Methode in benanntem Kontext für Familien, Mitarbeitende sowie Kinder. Elterliche Einschätzungen zum Thema Elternrunde sind ebenfalls nicht inkludiert, da die befragten Elternparts noch keine Gelegenheit einer Teilnahme hatten. Längerfristige Untersuchungen aus dem Setting heraus sowie eine quantitative Befragung von allen Wohngruppenakteur*innen, um auch ‚VHT-Passive' zu erfassen – dies sind Ideen, die sich aus dieser ersten Einzelfallstudie spinnen lassen.

5 Schlussgedanken

Die vorliegende Arbeit arbeitete sich durch die VHT-Landkarte eines elternaktivierenden Wohngruppensettings und beleuchtete dabei die verschiedenen Standorte mit ihren jeweiligen spezifischen Herausforderungen, etablierten Eigenheiten und verknüpfte sich dabei mit einer Vielzahl wertvoller VHT-Gedanken verschiedener VHTler*innen sowie Nicht-VHTler*innen. Auf dem Weg zu neuem Erkenntnisgewinn ging die qualitative Einzelfallstudie der Frage nach, wie sich VHT in elternaktivierender stationärer Erziehungshilfe auswirkt und konnte diese für sich gewinnbringend beantworten.

Insgesamt wäre das Ergebnis der vorliegenden Arbeit und insbesondere der qualitativen Studie wohl am passendsten auf folgende Weise zu beschreiben. Das elternaktivierende Wohngruppensetting sagt ‚Ja' zu VHT. Dieses deutliche ‚Ja' ist hoch ermutigend, sich energievoll, kreativ und mutig der Weiterentwicklung, Etablierung und Verbreitung von VHT zu widmen – an Ort und Stelle und darüber hinaus.

Die Arbeit hofft, einen kleinen Beitrag zum Fachdiskurs und zur Fortentwicklung des VHTs zu leisten und Anstoß weiterer Fachbeiträge und Studien zu sein. Sie schließt – ganz im Zeichen von VHT – hoffnungsvoll. Sie möchte andere Wohngruppensettings ermutigen, sich auf den Weg zu „dieser faszinierenden Methode" (Goltsche/Rössel 2009, 8) zu machen. Denn VHT „schenkt [...] so viel, was man vorher gar nicht einschätzen kann" (Auszubildende*r B) und ist für die Menschen rund um die Wohngruppe „ein riesen Geschenk" (Auszubildende*r B).

6 Quellenverzeichnis

Armbruster, Meinrad (2006): Das Empowerment-Programm für mehr Elternkompetenz in Problemfamilien. Heidelberg, Carl-Auer-Verlag.

Balzer, Felizitas (2018): Die Elternrunde der DWG ***. Ein erster Leitfaden. Stuttgart, o.V.

Biene, Michael (2008): Elternaktivierung im Zwangskontext. Kurzdarstellung SIT-Modell. In: Inatitut für Systemische Interaktionstherapie und Beratung (SIT) GmbH (Hrsg.) (2008): Fachtagung vom 4./5. September 2008 – Freiburg. Wirksame Handlungskonzepte im Kindes- und Erwachsenenschutz. www.kokes.ch/assets/pdf/de/aktuell/Unterlagen_Biene_gesamt.pdf.

Brümmer, Marita/ter Horst, Klaus (2009): Video-Interaktions-Diagnostik: „…Ein Bild sagt mehr als viele Worte…". In: Goltsche, Irene (Hrsg.) (2009): Anwendungsbereiche des Video-Home-Training VHT. Geglücktes im Blick. Bad Heilbrunn, Verlag Julius Klinkhardt.

Delfos, Martine F. (2015): „Sag mir mal …". Gesprächsführung mit Kindern. 4-12 Jahre. Weinheim, Basel, 10. vollständig überarbeitete und erweiterte Auflage.

DWG *** (2020): Konzeption für die DWG ***. Ein stationäres Jugendhilfeangebot der *** in *** für Kinder im Alter von 3 bis 12 Jahren mit intensivem Elterntraining. Unter Mitarbeit von ***. Stuttgart, o.V.

Feyrer, Karl (2020): Team-Besprechungen mit VHT gestalten. Workshop-Ausschreibung. SPIN-Bundesfachtagung. Bindung leben. Stuttgart, 06.-07. März 2020. Stuttgart, SPIN DGVB e.V.

Fischer, Dominik (2016): Mit Kind und Kegel. Video-Home-Training als mehrtägiger Gruppenkurs für Eltern und ihre Kinder. In: Goltsche, Irene (Hrsg.) (2016): Kursbuch. Interaktion im Blick. Video-Home-Training (VHT). Miesbach, DWRO-consult gGmbH.

Fiung, Toni (2020): Bilder führen in die Tiefe und helfen, Beziehungen lebendig zu gestalten. Workshop-Ausschreibung. SPIN-Bundesfachtagung. Bindung leben. Stuttgart, 06.-07. März 2020. Stuttgart, SPIN DGVB e.V.

Gaida, Detlef H. (2016): VHT-Arbeit im Lesen-Rechtschreib-Förderprogramm. In: Goltsche, Irene (Hrsg.) (2016): Kursbuch. Interaktion im Blick. Video-Home-Training (VHT). Miesbach, DWRO-consult gGmbH.

Gens, Hannelore (2003): Erziehen durch guten Kontakt. Ein Elternkurs auf der Grundlage des Video-Home-Trainings. Erkelenz, o.V.

Gens, Hannelore (2016): Das Video-Kontakt-Schema (VKS) von Harrie Biemans. Allgemeiner Kommunikations-Support und Entwicklung kompakt. In: Goltsche, Irene (Hrsg.) (2016): Kursbuch. Interaktion im Blick. Video-Home-Training (VHT). Miesbach, DWRO-consult gGmbH.

Gens, Hannelore (2016): Feed Forward und Feed Back – Das Ziel ist der Weg. Bildauswahl, Bildschnitt und Rückschaumethodik. In: Goltsche, Irene (Hrsg.) (2016): Kursbuch. Interaktion im Blick. Video-Home-Training (VHT). Miesbach, DWRO-consult gGmbH.

Gens, Hannelore (2016): Von Anfang an ziel- und lösungsorientiert. Schritte zur Erarbeitung der Hilfefrage. In: Goltsche, Irene (Hrsg.) (2016): Kursbuch. Interaktion im Blick. Video-Home-Training (VHT). Miesbach, DWRO-consult gGmbH.

Gens, Hannelore (o.J.): Hyperaktive Kinder besser verstehen und positiv lenken. Eine Handreichung für pädagogische Fachkräfte auf der Basis des Video-Home-Trainings. Erkelenz, o.V.

Goltsche, Irene (2009): Video-Home-Training. Elternbefragung 2001-2007. In: Goltsche, Irene (Hrsg.) (2009): Anwendungsbereiche des Video-Home-Training VHT. Geglücktes im Blick. Bad Heilbrunn, Verlag Julius Klinkhardt.

Goltsche, Irene/Rössel, Christine (2009): Herzliche willkommen bei VHT – eine Einleitung. In: Goltsche, Irene (Hrsg.) (2009): Anwendungsbereiche des Video-Home-Training VHT. Geglücktes im Blick. Bad Heilbrunn, Verlag Julius Klinkhardt.

Halm, Alfons (1999): Einsatzmöglichkeiten von „Video-Interaktions-Begleitung" in der Heimerziehung. In: Kreuzer, Max/Räder, Helga (Hrsg.) (1999): Video-Home-Training. Kommunikation im pädagogischen Alltag. Eine erprobte Methode (nicht nur) in der Familienhilfe. Mönchengladbach, 2. erweiterte Auflage.

Helming, Elisabeth (2002): Die Eltern: Erfahrungen, Sichtweisen und Möglichkeiten. In: Bundesministerium für Familie, Senioren, Frauen und Jugend (Hrsg.) (2002): Familiäre Bereitschaftsbetreuung. Empirische Ergebnisse und praktische Empfehlungen. Stuttgart, W. Kohlhammer GmbH.

Koch, Bettina (2009): Gute Kommunikation – besseres Lernen. Wie gelungene Kommunikation Lernen fördert und was Video-School-Training dazu beiträgt. In: Goltsche, Irene (Hrsg.) (2009): Anwendungsbereiche des Video-Home-Training VHT. Geglücktes im Blick. Bad Heilbrunn, Verlag Julius Klinkhardt.

Kreuzer, Max (1999): Einschätzung der Methode des Video-Home-Training durch die Eltern. In: Kreuzer, Max/Räder, Helga (Hrsg.) (1999): Video-Home-Training. Kommunikation im pädagogischen Alltag. Eine erprobte Methode (nicht nur) in der Familienhilfe. Mönchengladbach, 2. erweiterte Auflage.

Kreuzer, Max/Räder, Helga (1999): Einschätzung der ‚Methode' des Video-Home-Training durch die TeilnehmerInnen am Modellprojekt. In: Kreuzer, Max/Räder, Helga (Hrsg.) (1999): Video-Home-Training. Kommunikation im pädagogischen Alltag. Eine erprobte Methode (nicht nur) in der Familienhilfe. Mönchengladbach, 2. erweiterte Auflage.

Maslow, Abraham Harold (1978): Motivation und Persönlichkeit. Übersetzung durch Kruntorad, Paul. New York, Harper and Row Publishers, 2. erweiterte Auflage. www.irwish.de/PDF/Psychologie/Maslow/Maslow-Motivation_und_Persoenlichkeit.pdf.

Pala, Anja (2018): Ein Bild sagt mehr als 1000 Worte. Skript zum Basiskurs. Stuttgart, o.V.

Räder, Helga (1999): Der fachliche Grundkonsens der Entwicklungen des Video-Home-Training. In: Kreuzer, Max/Räder, Helga (Hrsg.) (1999): Video-Home-Training. Kommunikation im pädagogischen Alltag. Eine erprobte Methode (nicht nur) in der Familienhilfe. Mönchengladbach, 2. erweiterte Auflage.

Räder, Helga (1999): Ergebnisse aus der Befragung der Träger bzw. Leitungen der an der VHT-Ausbildung im Modellprojekt beteiligten Einrichtungen. In: Kreuzer, Max/Räder, Helga (Hrsg.) (1999): Video-Home-Training. Kommunikation im pädagogischen Alltag. Eine erprobte Methode (nicht nur) in der Familienhilfe. Mönchengladbach, 2. erweiterte Auflage.

Reekers, Helga (2009): Video-Interaktions-Diagnostik (VID) – eine effektive Methode zur Qualitätssicherung in Kindertageseinrichtungen. In: Goltsche, Irene (Hrsg.) (2009): Anwendungsbereiche des Video-Home-Training VHT. Geglücktes im Blick. Bad Heilbrunn, Verlag Julius Klinkhardt.

Rössel, Christine (2016): Teilhabe und Empowerment als Leitprinzipien der video-gestützten Arbeit im Feld der Begleiteten Elternschaft (BE). In: Goltsche, Irene (Hrsg.) (2016): Kursbuch. Interaktion im Blick. Video-Home-Training (VHT). Miesbach, DWRO-consult gGmbH.

Saltana, Johnny (2016): The Coding Manual for Qualitative Researchers. Los Angeles, Sage, 3. Auflage.

Sanne, Matthias (2009): Video-School-Training (VST) – Kompetenz- und Bewerbungstraining für Jugendliche. In: Goltsche, Irene (Hrsg.) (2009): Anwendungsbereiche des Video-Home-Training VHT. Geglücktes im Blick. Bad Heilbrunn, Verlag Julius Klinkhardt.

Schaffer, Hanne/Schaffer Fabian (2020): Empirische Methoden für soziale Berufe. Eine anwendungsorientierte Einführung in die qualitative und quantitative Sozialforschung. Freiburg im Breisgau, Lambertus Verlag.

Schafhausen, Andrea (1999): Video-Home-Training im Praxisfeld der familienorientierten Tagesgruppe. In: Hrsg. Kreuzer, Max/Räder, Helga (Hrsg.) (1999): Video-Home-Training. Kommunikation im pädagogischen Alltag. Eine erprobte Methode (nicht nur) in der Familienhilfe. Mönchengladbach, 2. erweiterte Auflage.

Schepers, Guy (1999): Einsatz von Video als Feedbackinstrument im Video-Home-Training. In: Kreuzer, Max/Räder, Helga (Hrsg.) (1999): Video-Home-Training. Kommunikation im pädagogischen Alltag. Eine erprobte Methode (nicht nur) in der Familienhilfe. Mönchengladbach, 2. erweiterte Auflage.

Schepers, Guy/König, Claudia (2000): Video-Home-Training. Eine neue Methode der Familienhilfe. Weinheim/Basel, Beltz Verlag.

Schlömer, Klara (1999): Video-Interaktions-Begleitung in der Erzieherausbildung. In: Kreuzer, Max/Räder, Helga (Hrsg.) (1999): Video-Home-Training. Kommunikation im pädagogischen Alltag. Eine erprobte Methode (nicht nur) in der Familienhilfe. Mönchengladbach, 2. erweiterte Auflage.

Schmitz-Winzen, Oliver (1999): Video-Home-Training und Video-Interaktions-Be gleitung im Kontext der stationären Kinder- und Jugendpsychiatrie. In: Kreuzer, Max/Räder, Helga (Hrsg.) (1999): Video-Home-Training. Kommunikation im pädagogischen Alltag. Eine erprobte Methode (nicht nur) in der Familienhilfe. Mönchengladbach, 2. erweiterte Auflage.

Sohns, Armin (2007): Empowerment als Leitlinie Sozialer Arbeit. In: Michel-Schwartze, Brigitta (Hrsg.) (2007): Methodenbuch Soziale Arbeit. Basiswissen für die Praxis. Wiesbaden, VS Verlag für Sozialwissenschaften.

SPIN DGVB e.V. (Hrsg.) (o.J.): Willkommen bei SPIN DGVB. www.spindeutschland.de.

Stahl, Stefanie (2015): Das Kind in dir muss Heimat finden. Der Schlüssel zur Lösung (fast) aller Probleme. München, Kailash Verlag.

Statistisches Bundesamt (2018): Statistiken der Kinder- und Jugendhilfe. Erziehe rische Hilfe, Eingliederungshilfe für seelisch behinderte junge Menschen, Hilfe für junge Volljährige. Heimerziehung, sonstige betreute Wohnform. 2016. www.destatis.de/DE/Themen/Gesellschaft-Umwelt/Soziales/Kinderhilfe-Jugendhilfe/Publikationen/Downloads-Kinder-und-Jugendhilfe/heimerziehung-betreute-wohnform-5225113167004.pdf?__blob=publicationFile.

Stimmer, Franz (2012): Grundlagen des Methodischen Handelns in der Sozialen Arbeit. Stuttgart, W. Kohlhammer GmbH, 3. Auflage.

ter Horst, Klaus (2009): Der Einsatz von Videotechnik im Hilfeplanverfahren. In: Goltsche, Irene (Hrsg.) (2009): Anwendungsbereiche des Video-Home-Training VHT. Geglücktes im Blick. Bad Heilbrunn, Verlag Julius Klinkhardt.

ter Horst, Klaus (2009). Strategien zur nachhaltigen Implementation des Video-Home-Trainings. In: Goltsche, Irene (Hrsg.) (2009): Anwendungsbereiche des Video-Home-Training VHT. Geglücktes im Blick. Bad Heilbrunn, Verlag Julius Klinkhardt.

Vogt, Jacqueline/Balzer, Felizitas (2019): Video-Home-Training in der DWG ***. Familien mit positiven Bildern stärken. In: *** (Hrsg.) (2019): Jahresbrief 2019. Verantwortlich Handeln. Stuttgart, o.V.

Yin, Robert K. (2016): Qualitative Research from Start to Finish. New York, The Guilford Press, 2. Auflage.

7 Kodierungsliste

Code	Erklärung
Ausweitung VHT	Dieser Code enthält alle Textabschnitte, die sich mit der Ausweitung und Etablierung des VHT innerhalb und außerhalb der Wohngruppe beschäftigen. Nicht eingeschlossen werden hier die Textpassagen, die Mitarbeitenden-Prozesse behandeln.
Datenschutz	Dieser Code enthält alle Textpassagen, die das Thema Datenschutz ansprechen.
erster Kontakt	Dieser Code umfasst die Textpassagen, in denen der erste Kontakt mit der Methode VHT beschrieben wird.
Interesse an eigener VHT-Ausbildung	Dieser Code umfasst die Textpassagen, in denen eigenes Interesse an einer VHT-Ausbildung oder -Vertiefung bekundet wird.
Lernpunkte	Dieser Code enthält alle Textteile mit dem Anliegen, den positiven Blick des VHTs um das Arbeiten an Lernpunkten zu ergänzen.
Mitarbeitendenprozesse	Dieser Code umfasst alle Textabschnitte, die VHT-Prozesse auf Mitarbeitenden-Ebene zur Idee haben.
praktische Ausgestaltung	Dieser Code enthält alle Textpassagen, die die praktische Ausgestaltung des VHTs im Wohngruppenalltag thematisieren.
Skepsis	Dieser Code umfasst alle Textteile, die eine anfängliche Skepsis gegenüber der Methode VHT beinhalten.
Vorfreude	Dieser Code umfasst alle Textteile, die eine Vorfreude gegenüber der Methode VHT beinhalten.
Wirkung	Dieser Code enthält alle Textpassagen, die Aussagen über die Wirkungsweise von VHT machen und nicht spezifisch auf Eltern, Kinder oder das Wohngruppenklima eingehen.
Wirkung Eltern	Dieser Code enthält alle Textabschnitte, die Aussagen über die Wirkungsweise von VHT auf Eltern-Ebene treffen.
Wirkung Kind	Dieser Code enthält alle Textteile, die Aussagen über die Wirkungweise von VHT auf Kinder-Ebene machen.
Wirkung Team	Dieser Code beinhaltet alle Textabschnitte, die VHT auf Team-Ebene thematisieren.
Wirkung Wohngruppenklima	Dieser Code enthält alle Textpassagen, die Aussagen über die Wirkung von VHT auf das Wohngruppenklima tätigen.